隧道及地下工程
安全文明施工标准化图集

中铁隧道局集团有限公司 编

人民交通出版社股份有限公司
China Communications Press Co.,Ltd.

内 容 提 要

本书以施工现场安全防护、工序安全控制要点为主，涉及教育培训、施工用电、起重吊装、爆炸物品管理、监控量测等与施工安全相关的要求，同时也展示了部分新工艺、新设备，涵盖了中铁隧道集团主要的施工领域。本书共分四章，分别是"通用安全要求""隧道工程""基坑/明挖工程"以及"文明施工"。

本书适用于施工现场作业人员进行模块化交底，也可供现场施工管理人员参考。

图书在版编目(CIP)数据

隧道及地下工程安全文明施工标准化图集 / 中铁隧道局集团有限公司编． — 北京：人民交通出版社股份有限公司，2017.11
ISBN 978-7-114-13903-1

Ⅰ．①隧… Ⅱ．①中…． Ⅲ．①隧道工程—工程施工—安全技术—图集②地下工程—工程施工—安全技术—图集 Ⅳ．① U458.1-64 ② TU94-64

中国版本图书馆 CIP 数据核字(2017)第 128945 号

书　　　名	隧道及地下工程安全文明施工标准化图集
著　作　者	中铁隧道局集团有限公司
责任编辑	王　霞　李　娜
出版发行	人民交通出版社股份有限公司
地　　　址	(100011)北京市朝阳区安定门外外馆斜街 3 号
网　　　址	http://www.ccpress.com.cn
销售电话	(010) 59757973
总 经 销	人民交通出版社股份有限公司发行部
经　　　销	各地新华书店
印　　　刷	北京盛通印刷股份有限公司
开　　　本	880×1230　1/16
印　　　张	13.75
版　　　次	2017 年 11 月　第 1 版
印　　　次	2017 年 11 月　第 1 次印刷
书　　　号	ISBN 978-7-114-13903-1
定　　　价	80.00 元

(有印刷、装订质量问题的图书由本公司负责调换)

隧道及地下工程安全文明施工标准化图集

编审委员会

主　任: 唐　忠

副主任: 范国文

主　编: 潘明亮

副主编: 王立军

编　委（排名不分先后）：

　　任伟杰　叶康慨　王　毅　陈海锋　李汉军　黄学军　翟志国

　　杨艳玲　李丰果　张　志　林海彬　莫智彪　谭明旭　贾喜涛

　　李正涛　邓建林　唐海斌　张耀东　那志伟　冯　东　曹　敏

审　稿（排名不分先后）：

　　石家志　谢成涛　胡　斌　任昌真　王　涛　吕国岭　吴显金

　　何礼革　彭再勇　李志军　王　力　赵宏营　时思鹏　马　烨

　　曹　敏　柴富奇　靳柒勤　邝国统　唐绍伟　付庆周

序 PREFACE

  近年来,国家基础建设持续推进,市场逐渐完善,国家、行业对工程建设安全管理的要求不断提高,现场的安全管理面临严峻的挑战,具体体现在:作业人员的技能水平普遍不足、自我防护意识和能力不足,违章作业现象比较普遍;现场点多面广,安全管理人员数量不足且水平参差不齐,难以做到及时发现和消除安全隐患;现场主要管理人员因各种原因对安全的关注不足,对安全标准认识不清、资源投入不足。为解决这些问题,中铁隧道集团有限公司组织编制了这本《隧道及地下工程安全文明施工标准化图集》。

  本图集历经四个月编制,并进行了数次评审,梳理了安全文明施工方面大量的规范、标准及管理文件,对涉及隧道及地下工程施工的安全文明施工管理以图文并茂的方式进行了阐释。图集的编写对提高施工现场安全文明管理水平具有重要的指导作用,其内容均来自工程实践,具有较强的针对性,一目了然,工程技术人员可按图索骥。同时,我们也应该认识到,现场安全管理涉及方方面面,图集难以做到面面俱到,广大管理人员在参考图集时应当开拓思路,不断细化、深化各项安全管理措施,共同提高行业的整体安全管理水平。

  值图集出版之际,乐为之序,推荐给隧道及地下工程建设的广大工程技术人员,希望图集能成为您安全管理的有力助手,共同为推进行业的良性、健康、有序发展贡献力量。

中铁隧道局集团有限公司总经理 唐建

2017年5月1日

编制说明 MANUAL

　　伴随我国铁路、公路、城市轨道交通、水利水电等行业快速发展，隧道及地下工程建设正经历前所未有的建设高潮。当前我国隧道及地下工程在建数量、建设规模、发展速度均居世界首位。为了适应新形势下的安全文明施工管理要求，快速提升施工现场安全文明施工管理水平，确保本质安全，中铁隧道集团有限公司组织编制了这本《隧道及地下工程安全文明施工标准化图集》。图集分为四个部分，分别是"通用安全要求""隧道工程""基坑/明挖工程"以及"文明施工"，涵盖了中铁隧道集团主要的施工领域，内容以施工现场安全防护、工序安全控制要点为主，涉及了教育培训、施工用电、起重吊装、爆炸物品管理、监控量测等与施工安全相关的要求，同时也展示了部分新工艺、新设备，以达到抛砖引玉、开拓思路的目的。

　　图集中的图片以中铁隧道集团承建项目为主，来源主要包括编者平时收集和本单位内部收集，也有部分图片来源于互联网。

　　由于涉及内容较多，编者能力水平有限，加之时间较为紧张，因此，图集中还有欠缺、谬误等，恳请读者批评指正，以便编者定期对图集进行补充和完善，在此表示感谢！

本书编委会

2017 年 5 月

编制依据 COMPILATION BASIS

1. 《中华人民共和国安全生产法》（2014年修订版）
2. 《建筑施工安全生产管理机构设置及专职安全生产管理人员配备办法》（建质〔2008〕91号）
3. 《建筑施工企业主要负责人、项目负责人和专职安全生产管理人员安全生产管理规定》（住房和城乡建设部令第17号）
4. 《建筑施工特种作业人员管理规定》（建质〔2008〕75号）
5. 《施工企业安全生产管理规范》（GB 50656—2011）
6. 《施工现场临时用电安全技术规范》（JGJ 46—2005）
7. 《建设工程施工现场供用电安全规范》（GB 50194—2014）
8. 《建设工程施工现场消防安全技术规范》（GB 50720—2011）
9. 《起重机械安全规程 第1部分》（GB 6067.1—2010）
10. 《起重机用钢丝绳检验和报废实用规范》（GB/T 5972）
11. 《爆破安全规程》（GB 6722—2014）
12. 《小型民用爆炸物品储存库安全规范》（GA 838—2009）
13. 《爆破作业人员资格条件和管理要求》（GA 53—2015）
14. 《民用爆炸物品储存库治安防范要求》（GA 837—2009）
15. 《建筑施工扣件式钢管脚手架安全技术规范》（JGJ 130—2011）
16. 《隧道施工安全九条规定》（安监总管二〔2014〕104号）
17. 《公路工程施工安全技术规范》（JTG F90—2015）

目录 CONTENTS

第1章　通用安全要求

- 1.1 人员配置 ·· 002
  - 1.1.1 施工项目专、兼职安全人员配置 ·· 002
  - 1.1.2 公司机关专职安全人员配置 ·· 002
- 1.2 教育培训 ·· 003
  - 1.2.1 培训对象、培训内容及形式 ·· 003
  - 1.2.2 培训学时及考核要求 ··· 004
- 1.3 持证上岗 ·· 005
  - 1.3.1 三类人员 ··· 005
  - 1.3.2 特殊工种 ··· 007
- 1.4 安全生产专项费用 ·· 011
  - 1.4.1 安全生产费提取标准 ··· 011
  - 1.4.2 安全生产费使用范围 ··· 011
- 1.5 临时用电 ·· 012
  - 1.5.1 一般要求 ··· 012
  - 1.5.2 配电室 ·· 016
  - 1.5.3 各级配电箱 ··· 017
  - 1.5.4 变压器、配电箱防护 ··· 021
  - 1.5.5 照明灯具、灯架 ·· 023
  - 1.5.6 电缆及架设要求 ·· 024
  - 1.5.7 手持电动工具 ··· 027
  - 1.5.8 安全电压照明供电装置 ··· 028
  - 1.5.9 外电防护 ··· 028
- 1.6 消防安全 ·· 029
  - 1.6.1 基本要求 ··· 029
  - 1.6.2 现场防火距离要求 ·· 029
  - 1.6.3 消防器材配置要求 ·· 030
  - 1.6.4 动火审批 ··· 032
  - 1.6.5 动火施工安全规定 ·· 032
- 1.7 临边防护 ·· 034
  - 1.7.1 基坑防护 ··· 034
  - 1.7.2 孔口防护 ··· 037
  - 1.7.3 楼梯防护 ··· 038

1.7.4 人工挖孔桩防护 ································· 039
1.7.5 门式起重机作业区安全防护 ············· 040
1.7.6 其他场所安全防护 ·························· 041
1.8 起重吊装 ··· 043
1.8.1 基本要求 ·· 043
1.8.2 操作基本安全要求 ·························· 044
1.8.3 汽车吊（履带吊） ·························· 045
1.8.4 塔吊 ··· 050
1.8.5 门式起重机（龙门吊） ··················· 055
1.9 施工机具 ··· 060
1.9.1 一般要求 ·· 060
1.9.2 气割设备 ·· 060
1.9.3 电焊机 ·· 061
1.9.4 圆盘锯 ·· 062
1.9.5 钢筋机械 ·· 063
1.9.6 混凝土机械 ······································ 064
1.10 管线保护 ··· 065
1.10.1 管线调查 ·· 065
1.10.2 管线图和管线标识 ························ 066
1.10.3 现场保护 ·· 068
1.11 监控量测 ··· 069
1.11.1 通用要求 ·· 069
1.11.2 监测点设置 ···································· 071

第2章 隧道工程

2.1 山岭隧道施工 ··· 076
2.1.1 爆破物品管理 ·································· 076
2.1.2 洞口工程 ·· 089
2.1.3 开挖作业 ·· 093
2.1.4 初期支护 ·· 097
2.1.5 通风除尘 ·· 098
2.1.6 出渣运输 ·· 100
2.1.7 二次衬砌及防水施工 ······················· 101
2.1.8 仰拱施工 ·· 102
2.1.9 瓦斯隧道 ·· 103
2.1.10 竖井及斜井 ···································· 108
2.1.11 施工用电及照明 ···························· 115
2.1.12 管线布置 ·· 117
2.1.13 弃渣场挡护 ···································· 118
2.2 营业线及邻近既有线施工 ······················· 119
2.2.1 营业线施工程序 ······························· 119
2.2.2 防护要求 ·· 121
2.2.3 主要防护信号及防护方法 ··············· 122
2.2.4 安全保护区 ······································ 124
2.2.5 隧道内的安全防护 ·························· 125
2.3 盾构隧道 ··· 126
2.3.1 盾构隧道主要安全风险 ··················· 127
2.3.2 盾构机选型 ······································ 128
2.3.3 盾构机吊装 ······································ 130
2.3.4 端头加固 ·· 131
2.3.5 垂直运输及水平运输 ······················· 132
2.3.6 洞内管线布置及充电房 ··················· 135
2.3.7 管片存放 ·· 136
2.3.8 盾构始发/到达 ································· 137
2.3.9 试掘进 ·· 143
2.3.10 盾构穿越建构筑物 ························ 145
2.3.11 盾构过站 ·· 147

		2.3.12 联络通道施工	148
		2.3.13 盾构穿越不良地质段	150
		2.3.14 盾构空推	154
		2.3.15 盾构开仓	155
2.4	顶管隧道		159
		2.4.1 工艺流程	159
		2.4.2 端头加固及钢环安装	160
		2.4.3 顶管机拼装	161
		2.4.4 顶管机始发及接收	162
		2.4.5 顶管掘进	163

第3章 基坑/明挖工程

3.1	围护结构		166
		3.1.1 围护结构的主要类型和适用条件	166
		3.1.2 放坡施工	167
		3.1.3 排桩（连续墙）+内支撑	168
		3.1.4 外拉锚	172
3.2	基坑开挖及支撑		173
		3.2.1 基坑开挖	173
		3.2.2 支撑的安全要求	174
3.3	结构施工		175
		3.3.1 钢筋工程	175
		3.3.2 模板及支架工程	176

第4章 文明施工

4.1	一般要求		190
		4.1.1 临时用房	190
		4.1.2 职工食堂	191
		4.1.3 职工宿舍	192
		4.1.4 卫生设施	193
		4.1.5 门禁管理	194
		4.1.6 清洗设施和降尘、隔音设施	195
4.2	现场文明施工		197
		4.2.1 指示牌、限速牌	197
		4.2.2 洞口标牌	197
		4.2.3 安全讲评台	199
		4.2.4 洞内标牌	200
		4.2.5 加工厂（车间）	201
		4.2.6 料仓	202
		4.2.7 拌和站	203
		4.2.8 材料库	204
		4.2.9 洞内设施和机具	205
		4.2.10 应急物资	206
		4.2.11 隧道作业人员服务设施	207

第1章

通用安全要求

1.1 人员配置

1.1.1 施工项目专、兼职安全人员配置

		工程规模	专职安全人员数量	兼职安全人员数量（群众安全生产监督员）
总包单位	土木工程、线路管道、设备安装工程按照工程合同价配备	5000万元以下	不少于1人	1. 每个生产班组或作业点（均含协作队伍）、每道生产工序必须设置1名群众安全生产监督员，生产班组人员较多时可适当增设。 2. 一线员工总数（含协作队伍）的5‰以上
		5000万～1亿元	不少于2人	
		1亿元以上	不少于3人	
	建筑工程、装修工程按照建筑面积配备	1万 m² 以下	不少于1人	
		1万～5万 m²	不少于2人	
		5万 m² 及以上	不少于3人（按专业配备）	
劳务分包单位	按作业人员数量	作业人员数量	专职安全人员数量	
		50人以下	1人	
		50～200人	2人	
		200人及以上	不少于3人且不低于总人数5‰	
专业承包单位			至少1人，视工作量和危险程度酌情增加	

依据

1. 专职安全管理人员根据住建部《建筑施工安全生产管理机构设置及专职安全生产管理人员配备办法》(建质〔2008〕91号)配备。

2. 兼职安全管理人员的配备根据施工企业自身实际配备，表中为参考数量。

1.1.2 公司机关专职安全人员配置

	资质等级	专职安全人员数量	备 注
总承包资质	特级	不少于6人	每百亿营业额不得少于2人
	一级	不少于4人	
	二级及以下	不少于3人	
专业承包资质	一级	不少于3人	
	二级及以下	不少于2人	
劳务分包资质	—	不少于2人	

依据

住建部《建筑施工企业安全生产管理机构设置及专职安全生产管理人员配备办法》(建质〔2008〕91号)。

1.2 教育培训

1.2.1 培训对象、培训内容及形式

教育培训对象		安全培训内容			安全培训形式
按岗位	按专业/工种	对企业管理人员	对项目管理和技术人员	对一线员工和协作方	
企业管理层负责人	"三类"人员	安全生产法律法规	安全生产法律法规	基本安全生产法律法规	会议集中培训；远程视频培训；现场操作演示；发放音视频教材；事故模拟体验；比赛、竞赛等
企业各级管理人员	特种作业人员	企业安全形势	企业安全管理制度和理念	本岗位、本专业安全规范	
项目全体管理人员（包括各类技术人员）	新上岗、待岗复工	先进安全管理经验及事故案例分析等	项目各专业、各岗位安全管理规范等	操作技能	
全体协作队伍人员	转岗作业人员			应急救援及自救、互救知识	

说明

1. 项目的教育培训必须纳入工序管理，在工作时间进行培训，不应占用员工业余时间。
2. 每次培训均应提前策划，提前编制教材，并制作配套教学PPT课件，结合书面、音频等资料，提高教学的针对性、趣味性，提升培训效果。

1.2.2 培训学时及考核要求

(1)培训学时的规定

培训对象	培训类型	培训学时	备注
主要负责人和安全生产管理人员	初次安全培训	不得少于32学时	安监总局3号令《生产经营单位安全培训规定》
	年度继续教育	不得少于12学时	
新上岗的员工	岗前培训	不得少于24学时	
法定代表人、生产经营负责人、项目经理	年度继续教育	不得少于30学时	《建筑施工企业安全生产管理规范》(GB 50656—2011)
专职安全管理人员	年度继续教育	不得少于40学时	
其他管理和技术人员	年度继续教育	不得少于20学时	
特种作业人员	年度继续教育	不得少于20学时	
其他从业人员	岗前培训	不得少于15学时	
待岗复工、转岗、换岗、重新上岗人员	岗前培训	不得少于20学时	
新进场工人	三级教育	不少于15、15、20学时(公司、项目、班组)	
已在岗的班组长	年度继续教育	不得少于24学时	《国务院安委会办公室关于贯彻落实国务院〈通知〉精神加强企业班组长安全培训工的指导意见》
班组其他员工	年度继续教育	不得少于16学时	

(2)培训效果验证

验证对象	验证方式	验证人	合格标准
项目管理人员	问卷(包括答题器)、现场考核、工作表现、工作态度等	项目安全质量领导小组成员或项管会成员	成绩达到90分以上(百分制)
作业人员		安全总监、生产副经理、与被验证对象专业相关的项目部门人员、工班长	

说明

1. 项目的教训教育制度应明确各岗位和部门的职责。

2. 应大力推广专业培训工具箱、体验馆等方式。

1.3 持证上岗

1.3.1 三类人员

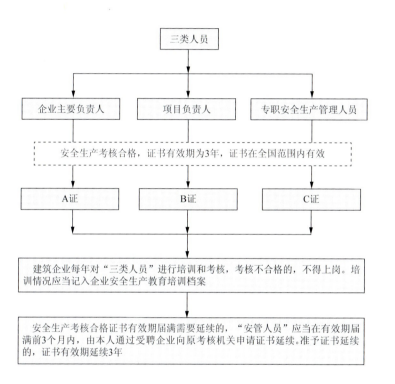

依据

《建筑施工企业主要负责人、项目负责人和专职安全生产管理人员安全生产管理规定》(住房和城乡建设部令第17号)。

检查要点：检查三类人员是否持证，证件是否过期。

 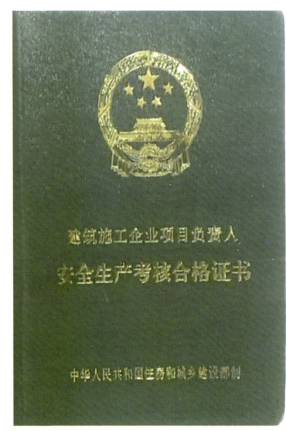 

| 建安 A 证封面 | 建安 B 证封面 | 建安 C 证封面 |

证书类别	适 用 范 围	取证途径（发证部门）	有 效 期
建安	建筑工程（铁路、市政）	各省住建厅	3 年
交安	公路交通工程（公路）	交通运输部	3 年
水运	水利工程（水利）	水利部	3 年

1.3.2 特殊工种

类　　别	工种范围	取证要求	有　效　期	复审要求	真伪验证查询途径
A类	电力、锅炉司炉、压力容器、起重、爆破、金属焊接（气割）、瓦斯检验、机动车驾驶、建筑登高架设等	必须取得政府部门（省、自治区、直辖市人民政府安全生产监督管理部门）颁发的特种作业操作资格证书	6年	3年复审一次，于期满前1个月内向原发证部门或者异地相关部门办理延期或者复审手续，连续从事本工种10年以上，严格遵守有关安全生产的法律法规的，在特种作业操作资格证的有效期满时，经原发证部门或者异地相关部门同意，不再复审，特种作业操作资格证的有效期延长2年	建筑施工特种作业操作资格证可在各省安全生产监督管理局网站查询
B类	施工防护、信号、调车、土方机械（挖掘机、推土机、铲运机、装载机等）、电瓶车等	必须取得相关单位（院校、科研院所、专门培训机构等）颁发的特种作业操作资格证书			

特种作业操作资格证书封面及内容样式

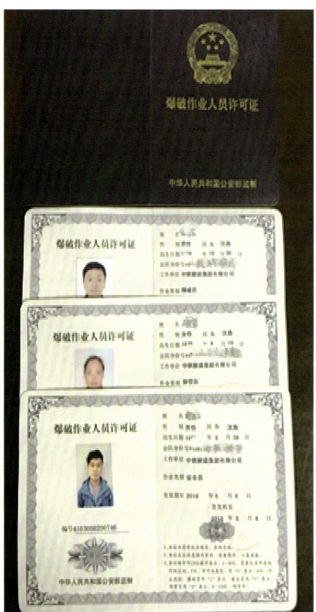

建筑施工特种作业操作资格证书样式　　　爆破作业人员许可证样式

电工作业

爆破工作业

电焊工作业

瓦斯检测工作业

起重信号工作业

架子工作业

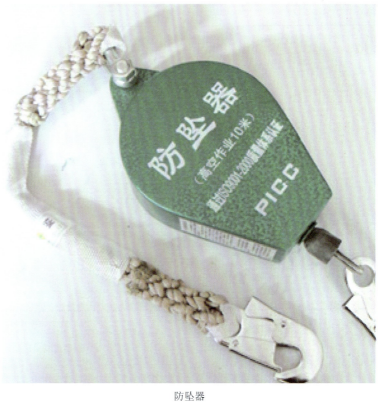
防坠器

利用防坠器高处进行作业

依据

《建筑施工特种作业人员管理规定》(建质〔2008〕75号);《特种作业人员安全技术培训考核管理规定》(国家安全生产管理总局第30号令)。

电工配备数量的一般要求

工程部位	电工配备人数	工程部位	电工配备人数
拌和站、钢筋加工场及预制场作业区	≥1	长隧道、特长隧道作业区	≥2
大桥、特大桥梁作业区	≥1	盾构隧道作业区	≥2

1.4 安全生产专项费用

1.4.1 安全生产费提取标准

序号	工程类别	提取标准(%)	备注
1	铁路工程	2.0	
2	公路工程	1.5	
3	市政工程	1.5	安全生产费的计算基数为全部建筑安装工程费用之和
4	房建工程	2.0	
5	水利工程	2.0	
6	机电安装工程	1.5	
7	轨道交通工程	2.0	

1.4.2 安全生产费使用范围

序号	项目	内容
1	设置、完善、改造和维护安全防护设施设备支出	1. 施工现场安全防护费用：①临边、临口、临水等危险部位防坠、防滑、防溺水等设施；②防止物体、人员坠落而设的安全网、棚；③防火、防爆、防尘、防毒、防雷、防风、防汛、防台风、防地质灾害、有害气体监测、通风、临时安全防护等设施设备。 2. 警示、照明等灯具费：施工车辆、船舶、机械、构造物的示警灯、危险报警闪光灯、施工区域内夜间警示灯、照明灯等灯具。 3. 警示标志、标牌费：各类警告、提醒、指示、禁止等标志、标牌。 4. 安全用电防护费：各种用电专用开关、防水电箱、高压安全用具、漏电保护等设施。 5. 施工现场围护费：施工现场围护包括：①改扩建工程施工围挡；②施工现场高压电塔、杆等围护；③施工现场光缆维护等
2	配备、维护、保养应急救援器材、设备支出和应急演练支出	1. 应急救援器材与设备的配备（或租赁）、维护保养费：①灭火器、消防斧、其他消防器材；②急救箱、急救药品、救生衣、救生圈、应急灯具、救援梯、救援绳等小型救生器材与设备；③特殊季节或特殊环境下拖轮、警戒船只的租赁、调遣托运费用。 2. 应急演练费：建设单位或施工单位依据应急预案，模拟应对突发事件组织的应急救援活动中应有施工单位分担或由施工单位自行负责的部分或全部费用
3	重大风险源和事故隐患评估、监控和整改支出	1. 重大风险源和事故隐患评估费：由建设单位、相关行政主管部门组织的，或者施工单位委托专业安全评估单位对项目重大风险源、重大事故隐患进行评估所发生的相关费用。 2. 重大风险源监控费：对项目重大风险源进行日常监控所发生的相关费用。 3. 重大事故隐患整改费：根据建设单位、相关行政主管部门或者专业安全评估单位出具的评估报告，对项目重大事故隐患进行整改所发生的相关费用

续上表

序号	项目	内容
4	安全生产检查、评价咨询和标准化建设支出	1. 专项安全检查费：施工单位聘请专业安全机构或专家对项目安全生产过程中的特殊部位、特殊工艺、特殊设备的施工安全检查所支付的相关费用。 2. 安全生产评价费：施工单位聘请专业安全机构或专家对项目专项施工方案、风险评估进行讨论、论证、评估、评价所支付的相关费用。 3. 安全生产咨询、风险评估费：施工单位在全生产工作中存在的问题向相关专业安全机构、咨询单位或专家进行咨询所支付的相关费用,按规定开展施工安全风险评估管理费用
5	配备和更新现场作业人员安全防护用品支出	安全防护物品配备费：日常施工中必须配备的安全帽、安全绳（带）、手套、雨鞋、工作服、口罩、防毒面具、防护药膏等安全防护物品的购置费用
6	安全生产宣传、教育、培训支出	1. 安全生产宣传费：包括制作安全生产宣传标语、条幅、图片、视频等宣传资料所需的费用。 2. 安全生产教育培训费：安全生产教育培训费包括：①施工单位施工人员进行安全技术交底、安全操作规程培训、安全知识教育等支出的课时费；②安全报纸、杂志订阅或购置费；③安全知识竞赛、技能竞赛、安全专题会议等活动费用；④安全经验交流、现场观摩等费用
7	安全生产适用的新技术、新标准、新工艺、新装备的推广应用支出	隧道门禁系统,隧道内风险控制监控系统,桥梁作业面远程监控系统等所发生的相关费用
8	安全设施及特种设备检查检验支出	特种机械设备、压力容器、避雷设施等检查检测费
9	其他安全费用支出	1. 与安全员相关的费用支出。 2. 招投标时不可预见的,在施工过程中经建设单位与监理单位认可,可在安全生产费中列支的其他与安全生产直接相关的费用

1.5 临时用电

1.5.1 一般要求

1. 施工现场临时用电系统应符合《施工现场临时用电安全技术规范》（JGJ 46—2012）和《建设工程施工现场供用电安全规范》（GB 50194—

2014)的规定。

2. 临时用电必须编制《临时用电组织设计》，内容应包括：工程概况、编制依据、编制原则、现场勘查、平面布置图、设备配置、分部分项工程配电系统设计（含备用或应急电源）、变压器的选择、电缆选择、设计复核、接地防雷设计、用电线路保护、安全用电技术措施、电器防火措施、洞内供电与照明等。

3. 临时用电工程专用的电源中性点直接接地的220V/380V三相四线制低压电力系统，必须符合下列规定：①采用三级配电系统；②采用TN-S接零保护系统；③采用二级漏电保护系统。

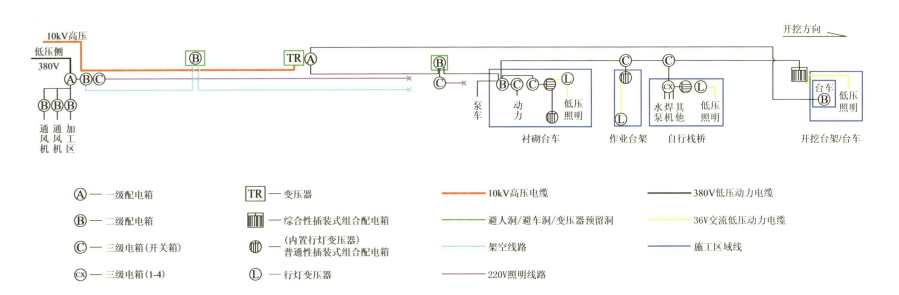

矿山法隧道临时用电平面示意图

（1）三级配电系统

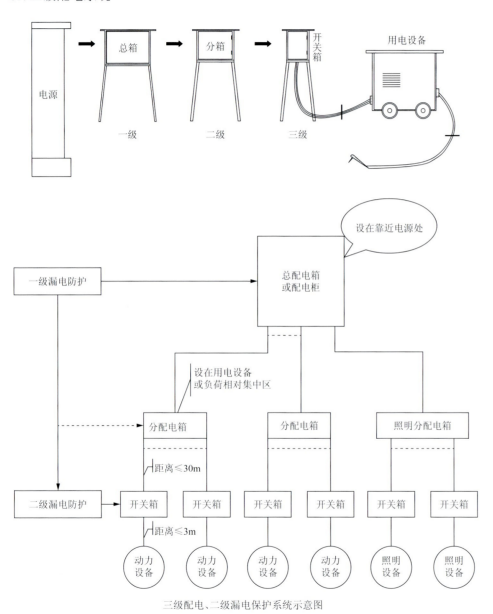

三级配电、二级漏电保护系统示意图

说明

1. 总配电箱应设在靠近电源的区域，分配电箱与开关箱的距离不得超过30m，开关箱与其控制的固定式用电设备的水平距离不宜超过3m。

2. 配电箱的电气安装板上必须分设N线端子板和PE线端子板。N线端子板必须与金属电器安装板绝缘；PE线端子板必须与金属电器安装板做电器连接，进出线中的N线必须通过N线端子板连接，PE线必须通过PE线端子板连接。

（2）TN-S 接零保护系统

①专用变压器供电 TN-S 系统

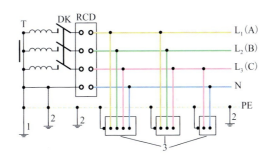

专用变压器供电时 TN-S 接零保护系统示意图

1- 工作接地；2-PE 线重复接地；3- 电气设备金属外壳（正常不带电的外露可导电部分）；L_1、L_2、L_3- 相线；N- 工作零线；DK- 总电源隔离开关；RCD- 总漏电保护器（兼有短路、过载、漏电保护功能的漏电断路器）；T- 变压器

说明

在施工现场专用变压器供电的 TN-S 接零保护系统中，电气设备的金属外壳必须与保护零线连接。保护零线应由工作接地线、配电室（总配电箱）电源侧零线或总漏电保护器电源侧零线处引出。

②三相四线供电 TN-S 系统

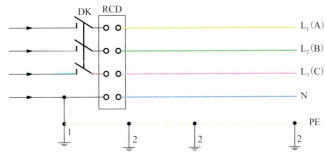

三相四线供电时局部 TN-S 接零保护系统保护零线引出示意图

1-NPE 线重复接地；2-PE 线重复接地；L_1、L_2、L_3- 相线；N- 工作零线；PE- 保护零线；DK- 总电源隔离开关；RCD- 总漏电保护器（兼有短路、过载、漏电保护功能的漏电断路器）

说明

当施工现场与外电线路共用同一供电系统时，电气设备的接地、接零保护应与原系统保持一致。不得一部分设备做保护接零，另一部分设备做保护接地；采用 TN 系统做保护接零时，工作零线（N 线）必须通过总漏电保护器，保护零线（PE 线）必须由电源进线零线重复接地处或总漏电保护器电源侧零线处，引出形成局部 TN-S 接零保护系统。

1.5.2 配电室

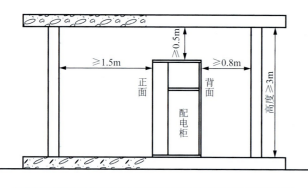

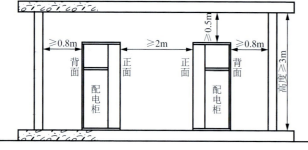

施工现场配电室布置图　　　　　　　　　　施工现场配电室及消防照明设施

说明

1. 成列的配电柜和控制柜两端应与重复接地线及保护零线做电气连接。
2. 配电柜应装设电源隔离开关,以及短路、过载、漏电保护器;电源隔离开关分断时应有明显可见分断点。
3. 配电室(房)不受洪水冲浸、不积水,周边及室内地面排水坡度不应小于 0.5%。
4. 配电室(房)的建筑物和构筑物应能防雨、防风沙;防火等级不应低于 3 级;室内应配置沙箱和可用于扑灭电气火灾的灭火器;当采用百叶窗或窗口安装金属网时,金属网孔不应大于 10mm×10mm。
5. 配电室(房)的照明应分别设置正常照明和事故照明。

1.5.3 各级配电箱

(1) 一级配电箱（总配电箱）

一级配电箱（总配电箱）实物图

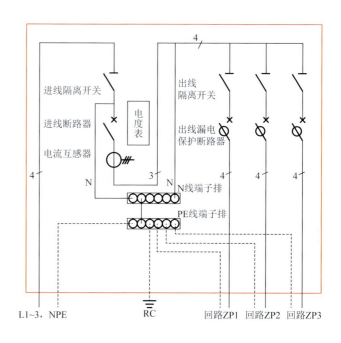

一级配电箱（总配电箱）实物接线图

说明

1. 一级配电箱（总配电箱）以下可设若干分配电箱，分配电箱以下可设若干开关箱；总配电箱应设在靠近电源的区域，分配电箱应设在用电设备或负荷相对集中的区域，分配电箱与开关箱的距离不得超过30m，开关箱与其控制的固定式用电设备的水平距离不宜超过3m。

2. 开关箱中漏电保护器的额定漏电动作电流不应大于30mA，额定漏电动作时间不应大于0.1s；使用于潮湿和有腐蚀介质场所的漏电保护器应采用防溅型产品，其额定漏电动作电流不应大于15mA，额定漏电动作时间不应大于0.1s。

3. 总配电箱中漏电保护器的额定漏电动作电流应大于30mA，额定漏电动作时间应大于0.1s，但其额定漏电动作电流与额定漏电动作时间的乘积不应大于30mA·s。

(2) 二级配电箱(分配电箱)、三级配电箱(开关箱)

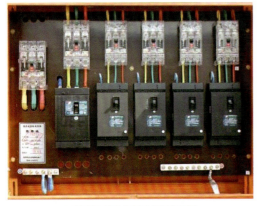
二级配电箱(分配电箱)实物图

三级配电箱(开关箱)实物图

说明

1. 配电箱、开关箱应采用冷轧钢板或阻燃绝缘材料制作,钢板厚度应为 1.2～2.0mm,开关箱箱体钢板厚度不得小于 1.2mm,配电箱箱体钢板厚度不得小于 1.5mm,箱体表面应做防腐处理。

2. 配电箱、开关箱的进、出线口应配置固定线卡,进出线应加绝缘护套并成束卡固在箱体上,不得与箱体直接接触。移动式配电箱、开关箱的进、出线应采用橡皮护套绝缘电缆,不得有接头。

3. 总配电箱的电器具备电源隔离,正常接通与分断电路,以及短路、过载、漏电保护功能。

4. 当总路设置总漏电保护器时,还应装设总隔离开关、分路隔离开关以及总断路器、分路断路器或总熔断器、分路熔断器。当所设总漏电保护器同时具备短路过载漏电保护功能的漏电断路器时,可不设总断路器或总熔断器。

5. 当各分路设置分路漏电保护器时,还应装设总隔离开关、分路隔离开关以及总断路器、分路断路器或总熔断器、分路熔断器。当分路所设漏电保护器是同时具备短路、过载、漏电保护功能的漏电断路器时,可不设分路断路器或分路熔断器。

6. 开关箱必须装设隔离开关、断路器或熔断器,以及漏电保护器。

7. 配电箱、开关箱的电源进线端严禁采用插头和插座活动连接。

8. 对配电箱,开关箱进行定期检查、维修时,必须将其前一级相应的电源隔离开关分闸断电,并悬挂"禁止合闸、有人工作"停电标志牌,严禁带电作业。

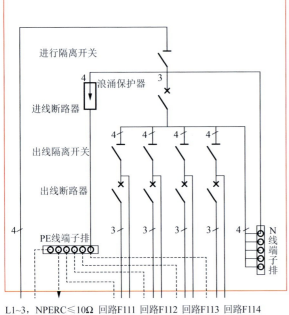
分配电箱(B箱)实物接线图

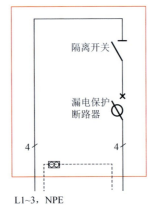
开关箱(C箱)基本接线原理图

二级配电箱(分配电箱)内的电气开关配置

配电箱内的 PE 线及 N 线端子板

三级配电箱(开关箱)内的电气开关配置

三级配电箱(开关箱)电气连接示意图

PE 线电气连接的压接方式

（3）新型配电设备

目前项目在推广的插装箱，便于现场使用，不需要专业电工进行接线，直接根据颜色区分使用的电压，只要大小一致、颜色一致，现场任何使用人员都可以直接操作，如果出现短路会自动跳闸，必须找专业电工维修，降低了触电事故发生的概率。

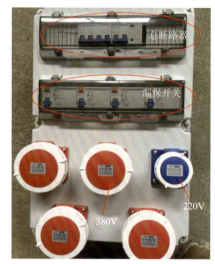

普通型插装箱

说明

《建筑工程施工现场供用电安全规范》（GB 50194—2014）规定：由分配电箱直接供电给末级配电箱时，可采用分配电箱设置插座供电方式，并应采用工业用插座，且每个插座应有各自独立的保护电器。工业连接器户内户外均可使用，其额定工作电压不超过690V（DC或VC），负载电流不大于250A；防护等级IP67。

综合型插装箱

1.5.4 变压器、配电箱防护

(1)室外变压器、配电箱防护

变压器防护

开关箱防护

总配电箱、分配电箱防护

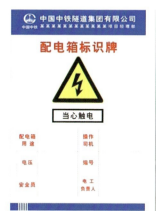

配电箱标识牌样例

说明

设置围栏，设施应牢固、封闭、严密；材质：方钢，颜色：红白（色间距400mm），高度1.8m。变压器设备外轮廓与围栏周围留有不小于1m的巡视通道，并设置排水沟。

（2）洞内变压器、配电箱防护

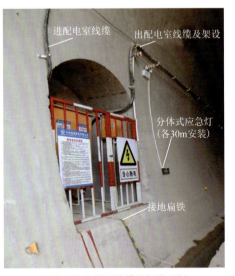
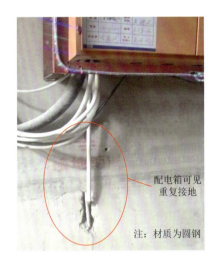

洞内高压断路器的安装示例　　　　　　　洞内配电室进出线缆及架设示例

1.5.5 照明灯具、灯架

隧道工程施工现场照明灯架实物图

市政工程现场照明灯具实物图

说明

1. 现场照明应使用高光效、长寿命的照明光源。对需大面积照明的场所，应采用高压汞灯、高压钠灯或混光用的卤钨灯等封闭式灯具。

2. 隧道、人防工程、高温、有导电灰尘、比较潮湿或灯具离地面高度低于 2.5m 等场所的照明，电源电压不应大于 36V；潮湿和易触及带电体场所的照明，电源电压不得大于 24V；特别潮湿场所、导电良好的地面、锅炉或金属容器内的照明，电源电压不得大于 12V。

1.5.6 电缆及架设要求

五芯电缆

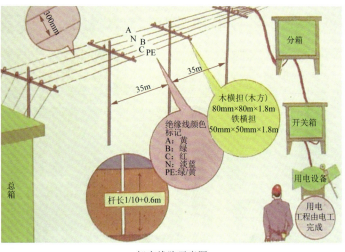

架空线路示意图

说明

架空电缆分为沿墙壁架空和沿专用电杆架空两种敷设方式。敷设时应沿墙壁或电杆用绝缘子固定,用绝缘线绑扎,档距应保证其最大垂弧点距地面不得小于2.5m,遇机动车道等场所,其敷设高度与架空线路的敷设高度要求一致。

架空线路与邻近线路或固定物的距离

项目	距离类别					
最小净空距离(m)	架空线路的过引线、接下线与邻线		架空线与架空线电杆外缘		架空线与摆动最大时树梢	
	0.13		0.05		0.50	
最小垂直距离(m)	架空线同杆架设下方的通信、广播线路	架空线最大弧垂于地面			架空线最大弧垂与暂设工程顶端	架空线与邻近电力线路交叉
		施工现场	机动车道	铁路轨道		1kV以下 / 1~10kV
	1.0	4.0	6.0	7.5	2.5	1.2 / 2.5
最小水平距离(m)	架空线电杆与路基边缘		架空线电杆与铁路轨道边缘		架空线边线与建筑物凸出部分	
	1.0		杆高(m)+3.0		1.0	

说明

动力设备及低压配电装置的负荷线应按计算负荷选用无接头的橡皮护套铜芯软电缆。电缆的芯数应根据负荷及其控制电器的相数和线数确定:三相四线时,应用五芯电缆;三相三线时,应用四芯电缆;当三相用电设备中配置有单相用电器具时,应用五芯电缆。单相二线时,应用三芯电缆。

相线L_1(A)、L_2(B)、L_3(C)相序的绝缘颜色依次为黄、绿、红色;N线的绝缘颜色为蓝色;PE线的绝缘颜色为绿/黄色。任何情况下,上述颜色标记严禁混用和互相代用。

图1

图2

图3

图4

图5

说明

图1～图5:埋地电缆敷设过程示意图。

图6:电缆埋地及引出线简图。

图7:瓷瓶架设电线示意图。

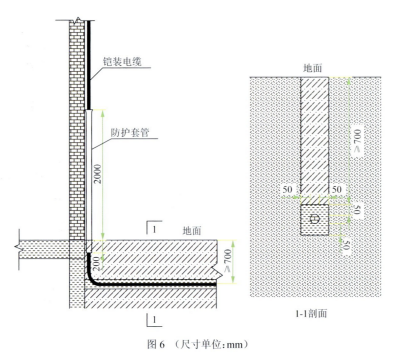

图 6 （尺寸单位：mm）

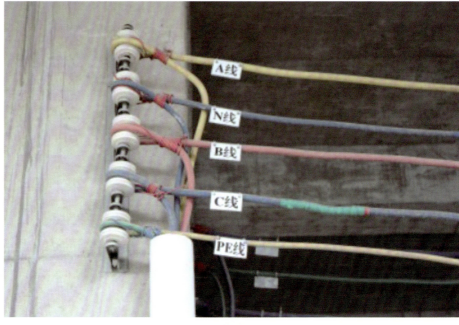

图 7

说明

1. 埋地敷设宜选用铠装电缆，当选用无铠装电缆时，应能防水、防腐，埋设线路上应保证电缆不受机械损伤，远离热源，尽量避开建、构筑物和交通要道。电缆应埋设于专门开挖的电缆槽内，槽深应不小于 0.7m（如电缆敷设过程图 1）。

2. 应在电缆上均匀铺垫 50～100mm 厚的细沙（如电缆敷设过程图 2、图 3），并在上层覆盖硬质保护层（如电缆敷设过程图 4），电缆横穿车道时应用钢管或硬质工程塑料管套护，采用开式电缆沟必须使用混凝土浇筑，电缆沟面上制作止口位，用厚木板或钢板封闭，电缆沟应有防积水措施。转弯处和直线段每隔 20m 处应设电缆走向标志。

3. 电缆的接头应设于地面以上专门的接线盒内，接线盒应能防雨防尘。

4. 电缆穿越在建工程时，应在穿越处和电缆引出地面处从距地面 2m 高至地下 0.2m 深处加钢管或硬质工程塑料管的防护套管。

1.5.7 手持电动工具

常用手持电动工具

手持电动工具的分类

类 别	概 念	人员防护要求
Ⅰ类	该类工具在防止触电的保护方面不仅依靠基本绝缘,而且还包含一个附加的安全预防措施,其方法是将可触及的可导电的零件与已安装的固定线路中的保护(接地)导线连接起来,以使可触及的可导电的零件在基本绝缘损坏的事故中不成为带电体	操作人员必须根据工具使用要求佩戴合适的防护装备,如眼镜、手套、面罩等,使用旋转工具时,应扣紧袖口,去掉项链等物品
Ⅱ类	在防止触电的保护方面不仅依靠基本绝缘,而且它还提供双重绝缘或加强绝缘的附加安全预防措施,没有保护接地或依赖安装条件的措施	
Ⅲ类	在防止触电的保护方面由安全特低电压供电,在工具内部不会产生比安全特低电压高的电压	

手持电动工具绝缘电阻

测量部位	绝缘电阻(MΩ)		
	Ⅰ类工具	Ⅱ类工具	Ⅲ类工具
带电零件与外壳之间	2	7	1

1.5.8 安全电压照明供电装置

低压变压器

说明

1. 隧道、人防工程、高温、有导电灰尘、细弱潮湿或灯具离地面高度低于 2.5m 等场所及行灯,电源电压不应大于 36V。

2. 潮湿和易触及带电体场所的照明,电源电压不得大于 24V。

3. 特别潮湿场所、导电良好的地面、锅炉或金属容器内的照明,电源电压不得大于 12V。

4. 照明变压器必须使用双绕组型的安全隔离变压器。

5. 照明变压器可根据情况设置为分散供电或集中供电,供电插座应标明电压等级。

1.5.9 外电防护

在建工程(含脚手架)的周边与架空线路的边线之间的最小安全操作距离

外部线路电压等级(kV)	<1	1～10	35～110	220	330～500
最小安全操作距离(m)	4.0	6.0	8.0	10	15

施工现场的机动车道与架空线路交叉时的最小垂直距离

外部线路电压等级(kV)	<1	1～10	35
最小垂直距离(m)	6.0	7.0	7.0

防护设施与外电线路之间的最小安全距离

外部线路电压等级(kV)	≤10	35	110	220	330	500
最小安全距离(m)	1.7	2.0	2.5	4.0	5.0	6.0

城市外电线路防护示意图

起重机与架空线路边线的最小安全距离

电压(kV) 安全距离(m)	<1	10	35	110	220	330	500
沿垂直方向	1.5	3.0	4.0	5.0	6.0	7.0	8.5
沿水平方向	1.5	2.0	3.5	4.0	6.0	7.0	8.5

1.6 消防安全

1.6.1 基本要求

(1)施工现场防火管理实行层级防火责任制,明确消防安全责任人,全面负责施工现场的防火工作。

(2)工地要编制消防平面布置图,布置图应包括工地的主要火险危险源、消防供水系统的分布及控制、灭火器材的分布、紧急疏散出口和路线。

(3)施工现场防火管理必须成立防火领导小组,由消防安全责任人任组长,成员由各职能部门人员组成。消防组织名单公示牌应张挂在施工现场会议室。

(4)建设工程施工现场的一切电气线路、设备应当由持有上岗操作证的电工安装、维修,并严格执行《建设工程施工现场供电安全规范》(GB 50194—2014)和《施工现场临时用电安全技术规范》(JGJ 46—2005)的规范要求。

(5)施工现场动力线与照明电源线应分路或分开设置,并配备相应功率的保险装置,严禁乱接乱拉电气线路;室内外电线架设应有瓷管或瓷瓶与其他物体隔离,室内电线敷设在可燃物、金属物上时,应套防火绝缘线管;照明电路、安装插座,应当有防漏电和超负荷保护装置。

(6)严禁在外脚手架上架设电线和使用碘钨灯,因施工需要在其他位置使用碘钨灯,架设要牢固,碘钨灯距可燃物不少于50cm,且不得直接照射可燃物。

1.6.2 现场防火距离要求

施工现场主要临建设施相互间的最小防火间距(m)
[摘自《建设工程施工现场消防安全技术规范》(GB 50720—2011)]

名称\间距\名称	办公用房宿舍	发电机房变配电房	可燃材料库房	厨房操作间锅炉房	可燃材料堆场及其加工场	固定动火作业场	易燃易爆危险品库房
办公用房、宿舍	4	4	5	5	7	7	10
发电机房、变配电房	4	4	5	5	7	7	10

续上表

名称\间距\名称	办公用房宿舍	发电机房变配电房	可燃材料库房	厨房操作间锅炉房	可燃材料堆场及其加工场	固定动火作业场	易燃易爆危险品库房
可燃材料库房	5	5	5	5	7	7	10
厨房操作间、锅炉房	5	5	5	5	7	7	10
可燃材料堆场及其加工场	7	7	7	7	7	10	10
固定动火作业场	7	7	7	7	10	10	12
易燃易爆危险品库房	10	10	10	10	10	12	12

说明

1. 临时用房、临时设施的防火间距应按临时用房外墙外边线或堆场、作业场、作业棚边线间的最小距离计算,如临时用房外墙有突出可燃构件时,应从其突出可燃构件的外缘算起。
2. 两座临时用房相邻较高一面的外墙为防火墙时,其防火间距不限。
3. 本表未规定的,可按同等火灾危险性的临时用房、临时设施的防火间距确定。

1.6.3 消防器材配置要求

隧道内作业台架处的消防砂与水箱

说明

1. 施工现场生活区、楼层、仓库、材料堆场、模板加工场、电焊场地等区域应配备相应类型的灭火器材,灭火器材应定期更换所装药品,使其保持在有效期内。

2. 一般临时设施区,每 100 m² 配备 2 个 6 L 灭火器,大型临时设施总面积超过 1200 m² 的,应备有专供消防用的太平桶、消防铲、消防斧、蓄水池、砂池等组合消防组合柜。

3. 消防器放置离地面的高度,顶部高度不高于 1.5m,坐地式底部高度不少于 0.15m,保持放置点通道畅通。

灭火器的最低配置标准和最大保护距离
[摘自《建设工程施工现场消防安全技术规范》(GB 50720—2011)]

项 目	灭火器的最低配置标准				灭火器最大保护距离	
	固体物质火灾		可溶性固体、液体或气体火灾		固体物质火灾(m)	可溶性固体、液体或气体火灾(m)
	单具灭火器最小灭火级别	单位灭火级别最大保护面积(m²/A)	单具灭火器最小灭火级别	单位灭火级别最大保护面积(m²/A)		
易燃易爆危险品库房	3A	50	89B	0.5	15	9
固定动火作业场	3A	50	89B	0.5	15	9
可燃材料堆场及其加工场	2A	50	55B	0.5	10	6
厨房操作间、锅炉房	2A	75	55B	1.0	20	12
可燃材料库房	2A	75	55B	1.0	20	12
发电机房、变配电房	2A	75	55B	1.0	20	12
办公用房、宿舍	1A	100	—	—	25	—

1.6.4 动火审批

各级动火对应的作业场所

动火级别	对应的动火场所	填写及审批权限
一级动火	1. 禁火区域内； 2. 油罐、油箱、油槽车和储存过气体、易燃气体的容器以及连接在一起的辅助设备； 3. 各种受压容器设备； 4. 危险性较大的登高焊、割作业； 5. 比较密闭的室内、容器、地下室等场所； 6. 堆放有大量可燃和易燃物质的场所	由项目经理填写动火申请表和由项目部编制安全技术方案，经企业主管领导和安全技术部门及保卫部门共同审批，并报公安消防部门备案或批准后，方可动火
二级动火	1. 在具有一定危险因素的非禁火区域内进行临时性焊、割作业； 2. 小型油箱、油罐等容器； 3. 在外墙、电梯井、洞孔等垂直穿到底部位及登高焊割作业	由施工管理人员提出申请并附上安全技术措施方案，报工地主管领导审批后，方可动火
三级动火	可能发生一般火灾事故的，指除上列以外的没有明显危险因素的场所，应由所在班组长在动火前提出申请，报项目防火管理人员批准后，方可动火	由所在班组长在动火前提出申请，报项目防火管理人员批准后，方可动火

1.6.5 动火施工安全规定

动火前应做到"八不"；动火中应做到"四要"；动火后要做到"一清"。

1）动火前"八不"

（1）防火、灭火措施不落实不动火；

（2）周围的易燃杂物未清除不动火；

（3）附近难以移动的易燃结构未采取安全防范措施不动火；

（4）凡盛装过油类等易燃液体的容器、管道，未经洗刷干净、排除残存的油质不动火；

（5）凡盛装过气体受热膨胀有爆炸危险的容器和管道不动火；

（6）凡储存有易燃、易爆物品的车间、仓库和场所，未经排除易燃、易爆危险的不动火；

（7）在高空进行焊接或切割作业时，下面的可燃物品未清理或未采取防护措施的不动火；

（8）未有配备相应的灭火器材不动火。

2)动火中"四要"

(1)动火前要指定现场监火人;

(2)现场监火人和动火人员必须经常注意动火情况,发现不安全苗头时,要立即停止动火;

(3)发生火灾、爆炸事故时,要及时扑救;

(4)动火人员要严格执行安全操作规程。

3)动火后"一清"

动火人员和现场监火人在动火后,应彻底清理现场火种后,才能离开现场。

此证使用期限为××天,从××年××月××日××时至××年××月××日××时。

(此证应妥善保管,作业完成后交回发证部门)

编号:_____ 单位(项目)印章　　火警电话:119/负责人电话

动火许可证（正证）	作业前填写	动火地点			
		动火时间	自20××年××月××日××时　至20××年××月××日××时		
		动火方式			
		作业内容			
		操作人签名		操作证号	
		监火人签名		职务	
		灭火器配置			
		其他说明			
		班组长签名	审批人签名		签发时间
	火后检查填写	1.××月××日××时完成动火作业。 2.火灾隐患检查情况:			
		操作人签名	监火人签名		班组长签名

动火许可证样式(正面)

编号:_____ 单位(项目)印章　　火警电话:119/负责人电话

动火许可证（存根）	作业前填写	动火地点			
		动火时间	自20××年××月××日××时　至20××年××月××日××时		
		动火方式			
		作业内容			
		操作人签名		操作证号	
		监火人签名		职务	
		灭火器配置			
		其他说明			
		班组长签名	审批人签名		签发时间
	火后检查填写	1.××月××日××时完成动火作业。 2.火灾隐患检查情况:			
		操作人签名	监火人签名		班组长签名

动火许可证样式(背面)

1.7 临边防护

1.7.1 基坑防护

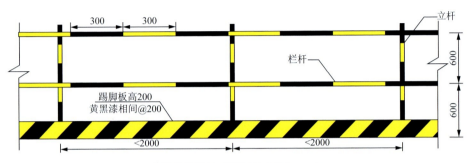

钢管防护栏杆正面图（尺寸单位：mm）

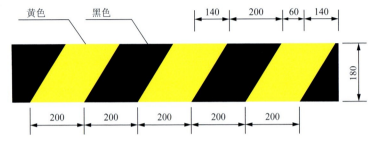

挡脚板大样图（尺寸单位：mm）

固定件大样图

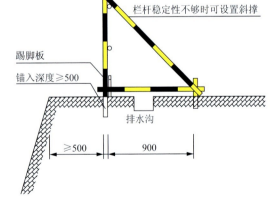
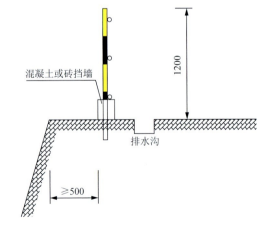

钢管防护栏杆侧面图（尺寸单位：mm）

盾构井周边防护

装配式防护栏杆及连接细部图

说明

1. 防护栏杆由上下两道横杆及栏杆柱组成。上杆离地面高度为 1.2m，下杆离地面高度 0.6m，横杆长度大于 2m 时，必须设置栏杆柱。

2. 防护栏杆的钢管为直径 48×3.5mm，以扣件固定。

3. 防护栏杆必须自上而下用密目网封闭，必要时亦可在底部横杆下沿，设置不低于 180mm 的踢脚板并固定牢固，踢脚板外侧漆成黄黑斜条块警示色。

4. 防护栏杆制成后须用黑黄或红白涂装予以标识，禁止标志颜色宜采用红、白相间，警告标志宜用黄、黑相间。

5. 临边杆制作完成后，必须进行验收并挂设"安全设施验收牌"。

基坑临边防护实物图

第1章 通用安全要求

基坑临边钢管防护

基坑临边定制护栏防护

基坑临边过道钢管护栏防护

高边坡临边及步梯钢管护栏

基坑道层混凝土支撑防护

基坑步梯防护（梯笼）

1.7.2 孔口防护

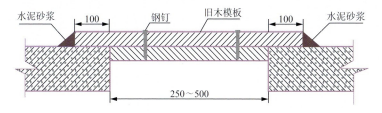

250～500mm 孔口防护（尺寸单位：mm）

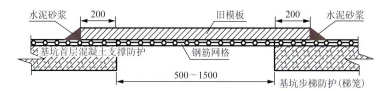

500～1500mm 孔口防护（尺寸单位：mm）

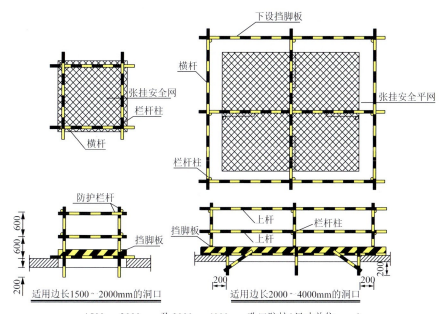

1500～2000mm 及 2000～4000mm 孔口防护（尺寸单位：mm）

地铁车站内预留口防护实物图

说明

1. 楼板、屋面和平台等面上短边尺寸小于50cm但大于2.5cm的孔口，用木板制作成比实际洞口面积略大的盖板覆盖，盖板四周用水冲洗干净后用砂浆45°进行护角，盖板上刷黄黑警示油漆。

2. 边长为50～150cm的洞口，可利用钢筋混凝土板内钢筋贯通构成防护网，网格小于20cm，短边超过1.5m，长的洞口，除封闭四周外还应设有防护栏杆。

1.7.3 楼梯防护

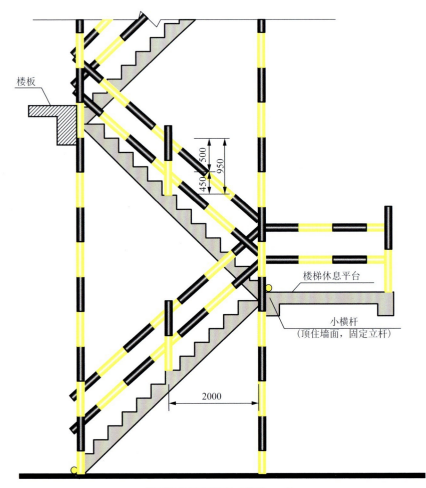

楼梯防护示意图(尺寸单位:mm)

楼梯防护实物图

说明

施工现场的楼梯口、楼梯边应设置防护栏,防护栏由相距2m的栏杆柱和两道高度分别为0.5~0.6m、1.0~1.2m高的横杆构成。防护栏应达到定型化、工具化、标准化的要求。

1.7.4 人工挖孔桩防护

半月形防护板

说明

1. 孔口护壁应高于地面30cm，孔口设1.2m高的护栏，护栏上留一个1m左右宽的活动作业口，人员不作业时，将活动作业口进行封闭（关闭），在作业口旁，地面作业人员须系好安全带。夜间施工应悬挂示警红灯，暂不施工的孔口都应加盖可靠封闭并设警示标志。

2. 应配置安全可靠的升降设备，并由培训合格的操作人员操作。运送作业人员上下孔要用专用乘人吊笼，严禁采用运泥土吊桶运人和作业人员自行手扶、脚踩护壁凸缘上下孔，人员上下不得携带任何机具和材料，孔内设置应急软梯和安全软绳。

1.7.5 门式起重机作业区安全防护

门吊轨道隔离护栏

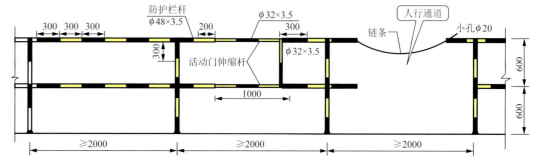
门吊轨道隔离护栏示意图（尺寸单位：mm）

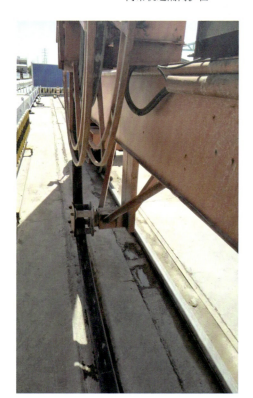
门吊电缆槽

悬挂式电缆收放装置

说明

1. 防护栏杆由上下两道横杆及栏杆柱组成。上杆离地面高度为1.2m，下杆离地面高度为0.6m，横杆长度大于2m时，必须设置栏杆柱。

2. 防护栏杆的钢管为直径48×3.5mm，以扣件固定。

3. 防护栏杆制成后须用黑黄或红白涂装予以标识，禁止标志颜色宜采用红、白相间，警告标志宜用黄、黑相间。

4. 电缆沿电缆槽收放的，电缆槽应保持排水畅通，并在槽底铺设橡胶、砂等减少电缆磨损。

1.7.6 其他场所安全防护

沉淀池防护

二次衬砌台车防护（爬梯及栏杆）

隧道内变压器防护

开控作业台架防护

衬砌台安全警示、标识

仰拱栈桥防护

隧道内风机防护

衬砌作业台架安全标识

污水处理池通道防护

1.8 起重吊装

1.8.1 基本要求

(1) 对拆装单位的要求

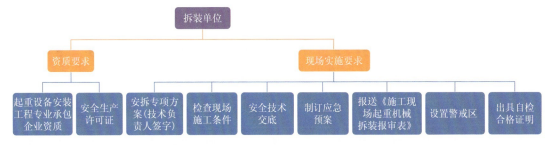

(2) 对出租单位的要求

(3) 对使用单位的要求

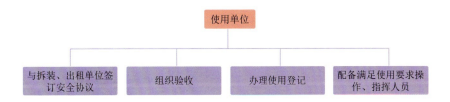

(4) 对设备的资料要求

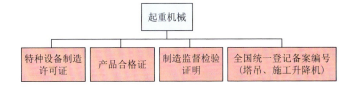

(5)对绳具的要求

与绳径匹配的绳卡数

钢丝绳直径(mm)	10以下	10~20	21~26	28~36	36~40
最少绳卡数(个)	3	4	5	6	7
绳卡间距(mm)	80	140	160	220	240

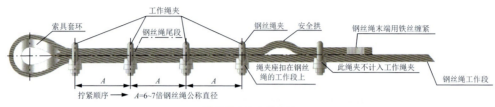

钢丝绳夹和索具套环

说明

1. 起重机使用的钢丝绳,其结构形式、规格及强度应符合该型起重机使用说明书的要求。钢丝绳与卷筒应连接牢固,放出钢丝绳时,卷筒上应至少保留3圈,收放钢丝绳时应防止钢丝绳打环、扭结、弯折和乱绳,不得使用扭结、变形的钢丝绳。使用编结的钢丝绳,其编结部分在运行中不得通过卷筒和滑轮。

2. 钢丝绳采用编结固接时,编结部分的长度不得小于钢丝绳直径的15倍,并不应小于300mm,其编结部分应捆扎细钢丝。当采用绳卡固接时,与钢丝绳直径匹配的绳卡的规格、数量应符合下表的规定。最后一个绳卡距绳头的长度不得小于140mm。绳卡滑鞍(夹板)应在钢丝绳承载时受力的一侧,"U"形螺栓应在钢丝绳的尾端,不得正反交错。绳卡初次固定后,应待钢丝绳受力后再度紧固,并宜拧紧到使两绳直径高度压扁1/3。作业中应经常检查紧固情况。

1.8.2 操作基本安全要求

起重机作业"十不吊"

起重机与架空电线的安全距离

安全距离 （m）	电压(kV)				
	<1	1~15	20~40	60~110	220
沿垂直方向	1.5	3.0	4.0	5.0	6.0
沿水平方向	1.0	1.5	2.0	4.0	6.0

1.8.3 汽车吊（履带吊）

（1）安全管理基本要求

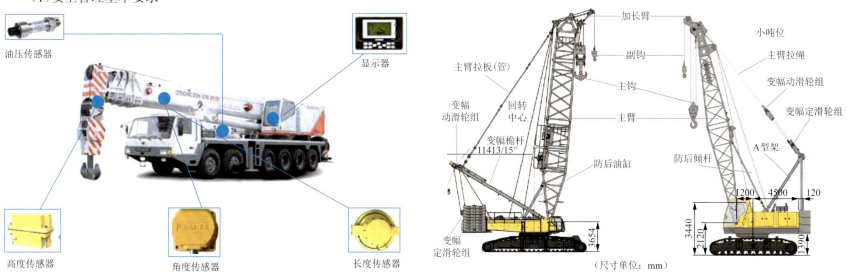

说明

1. 汽车吊（履带吊）行驶和工作的场地应保持平整坚实，并应与沟渠、基坑保持一定的安全距离。
2. 启动前应重点检查以下项目，并应符合下列要求：
（1）各安全保护装置和指示仪表齐全、完好。
（2）钢丝绳及连接部位符合有关规定。
（3）燃油、润滑油、液压油及冷却水添加充足。

说明

（4）各连接部位无松动。

（5）轮胎气压符合要求。

3. 汽车吊作业前应全部伸出支腿，撑脚下方木支点牢靠；调整机体使回转支承面的倾斜度在无荷载时不大于1/1000（水准泡居中）；支腿有定位销的需插上。

4. 作业时回转半径内不准有障碍物；起重臂伸缩时，应按规定程序进行，在伸臂的同时应相应下降吊钩；当限制器发出警报情况后，应立即停止伸臂；起重臂缩回时，仰角不宜太小。

5. 起升或降下重物时，速度要均匀、平稳，保持机身的稳定，防止重心倾斜，严禁起吊的重物自由下落。

6. 驾驶室内不得存放易燃品。雨天作业制动带淋湿打滑时，应停止作业。

（2）汽车吊的主要技术参数

①臂杆回转区域范围　　　　　②支腿跨距　　　　　③吊装作业参数

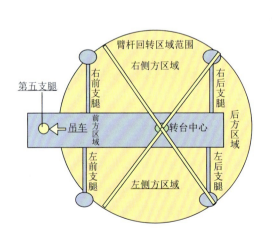
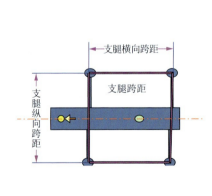
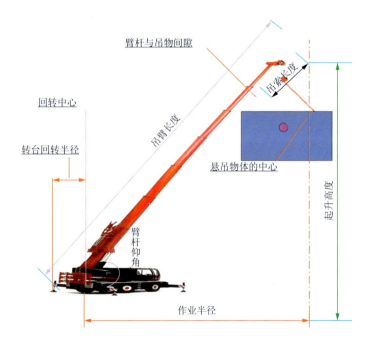

（3）汽车吊提升高度

起升高度的选择

说明

起重机的起升高度必须满足所吊装构件的起升高度的要求。其计算公式为：

$$H \geqslant h_1+h_2+h_3+h_4$$

式中：H——起重机的起升高度，从停机地面算起至吊钩中心(m)；

h_1——安装支座的表面高度，从停机地面算起(m)；

h_2——安装间隙，视具体情况而定，一般不小于0.3m；

h_3——绑扎点至构件吊起后底面的距离(m)；

h_4——索具高度，自绑扎点至吊钩中心的距离，视具体情况而定(m)。

（4）支腿布置

支腿布置图

支腿支垫一

支腿支垫二

说明

1. 所有的支腿必须全部使用，严禁不伸齐全部支腿进行吊装作业。

2. 所有的支腿梁必须全部伸出，否则起重两边的承载能力会失去均衡，整体起重能力将极大减少，在转动被吊物的过程中会导致起重机倾覆。

3. 所有的车轮必须完全离开地面，否则起重机车轮内部轴承在受力情况下会变形，同时起重机起重能力也将极大减少。

4. 在架设支腿时应注意观察，使回转支承基准面处于水平，使回转支承面的倾斜度在无载荷时不大于1/1000（水准泡居中）。

（5）作业基本程序

①吊装区布置

吊装作业现场布置

警戒标识

②吊装前进行技术交底

吊装作业前必须由吊装方案编制人向全体作业人员进行交底并记录,作业人员应熟知吊装方案、指挥信号、安全技术要求及应急措施。吊装方案交底内容至少应包括:

a. 多台设备吊装顺序;

b. 单台设备吊装方案和吊装工艺;

c. 机具安装工艺及机具试验方法和要求;

d. 吊装作业工序及要点;

e. 安全技术措施。

③试吊

a. 对设备吊点处和变径、变厚处宜实测其应力,细长设备应观察其挠度;

b. 吊车吊装时应观测吊装安全距离及吊车支腿处地基变化情况;

c. 机索具的受力情况观测。

抬吊作业

汽车吊水准泡及电子水准仪

力矩限制显示器

1.8.4 塔 吊

(1)基本安全要求

独立塔吊实物图

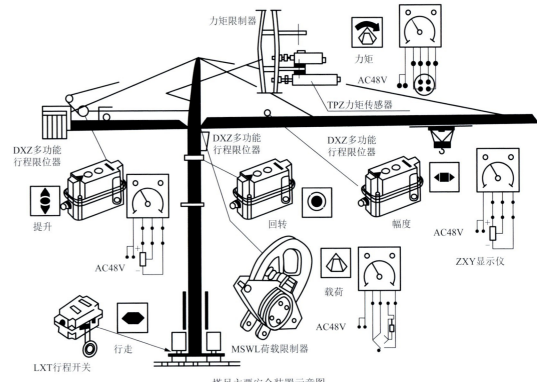

塔吊主要安全装置示意图

说明

塔机在安装前和使用过程中,发现有下列情况之一的,不得安装和使用:

1. 结构件上有可见裂纹和严重锈蚀的。
2. 主要受力构件存在塑性变形的。
3. 连接件存在严重磨损和塑性变形的。
4. 钢丝绳达到报废标准的。
5. 安全装置不齐全或失效的。
6. 接地必须牢固可靠,其接地电阻不大于 4Ω。

（2）塔吊基础

基础施工

底部防护

基础避雷和接地

说明

固定式塔机基础部位维护应符合下列要求：

1. 基础要根据所使用的塔吊类型、规格、基础地质情况等，其施工应符合《塔式起重机混凝土基础工程技术规程》(JGJ/T 187—2009)和起重机厂家的要求。

2. 高强度地脚螺栓外露部位不应有积水。塔机钢结构外露表面不应有存水。封闭的管件和箱形结构内部不应存留水，防止内部锈蚀。

3. 在塔机基础节四周外围宜设置金属网围栏，围栏内只能安置塔机专用配电箱，不得堆放杂物。围栏上可张挂相关的施工标牌。

4. 严禁在塔机的塔身上附加广告牌或其他标语牌。

5. 塔式起重机可以不做避雷针，但必须做可靠接地。

（3）安全距离的要求

说明

1. 塔机吊臂的端部与周围建筑物及其外围施工设施之间的安全距离不小于0.6m。
2. 两台塔机之间的最小架设距离应保证处于低位塔机的起重臂端部与另一台塔机的塔身之间至少有2m的距离；处于高位塔机的最低位置的部件（吊钩升至最高点或平衡重的最低部位）与低位塔机中处于最高位置部件之间的垂直距离不应小于2m。

塔机任何部位与架空输电线路安全距离参数

安全距离（m）	电压（kV）				
	<1	1~15	20~40	60~110	220
沿垂直方向	1.5	3.0	4.0	5.0	6.0
沿水平方向	1.0	1.5	2.0	4.0	6.0

（4）安全装置

塔吊回转限位器

塔吊重量限位器

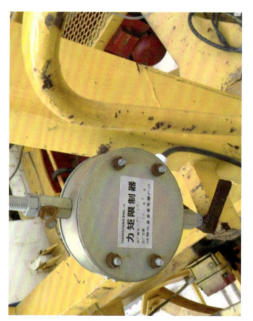
塔吊力矩限位器

塔吊障碍指示灯

风速仪及与风速仪配套使用的风速表

说明

1. 塔顶高度大于30m且高于周围建筑物的塔机,应在塔顶和臂架端部安装红色障碍指示灯,该指示灯的供电不应受停机的影响。

2. 起重臂根部铰点高度大于50m的塔机,应配备风速仪。当风速大于工作极限风速时,应能发出停止作业的警报。风速仪应设在塔机顶部的不挡风处。

3. 在塔机驾驶室内易于观察的位置应设有常用操作数据的标牌或显示屏。标牌或显示屏的内容应包括幅度载荷表、主要性能参数、各起升速度挡位的起重量等。标牌或显示屏应牢固、可靠,字迹清晰、醒目。

4. 驾驶室内应配备符合消防要求的灭火器。

（5）附着拉杆连接

附着拉杆与建筑物的连接1

附着拉杆与建筑物的连接2

说明

1. 当塔式起重机高度超过产品说明书规定的高度时，应安装附着装置，附着装置应符合产品说明书及规范要求。

2. 当附着装置的水平距离不能满足产品说明书要求时，应进行设计计算和审批。

3. 附着前和附着后塔身垂直度应符合规范要求。

附着拉杆与建筑物的连接3

附着拉杆与建筑物的连接4

1.8.5 门式起重机（龙门吊）

盾构出渣用 45t 龙门吊

管片及旗材料吊运用 15t 龙门吊

管片厂水养护用龙门吊

基坑施工用龙门吊

说明

门式起重机（龙门吊）需符合《通用门式起重机》（GB/T 14406—2011）、《起重机械安全规程 第1部分：总则》（GB 6067—2010）及《起重机用钢丝绳检验和报废实用规范》（GB/T 5972）的相关要求。

(1)龙门吊的安装

支腿安装

主梁吊点挂设

主梁起吊

主梁安装

龙门吊安装主要流程

（2）龙门吊主要安全装置

制动装置

夹轨器及缓冲装置、红外防撞器

警示灯

小车限位开关

龙门吊小车车挡

龙门吊车挡

电铃

龙门吊小车限位

龙门吊小车缓冲装置

钢丝绳防跳槽装置

龙门吊地锚及防风钢丝绳

卷扬机压板

门吊轨道重复接地

(3)龙门吊安全检查

检查方式、部位		检查内容、方法
记录检查		操作人员的《龙门吊日常检查表》：设备操作人员是否进行日常的检查；是否按照计划进行了保养
静态检查	（一）地面检查	设备外观结构：是否有破损、开裂、悬挂物等安全隐患。 电力线与支持件：电力线是否有损坏、挂物、支持连接不牢等情况。 静态防风装置：锚定设施应满足防风要求。 减速箱、行走梁与楼梯：减速箱、行走梁与楼梯的完好性；楼梯及扶手的安全可靠，雨雪天防滑等情况。 轨道及大车轮：车轮磨损、开裂、变形及轮缘等情况。 大车行走电机及制动系统：电机外观是否完好无破损，接线盒及盖应完好，有无电线破损断裂等现象。 吊钩、钢丝绳和吊索具：钢丝绳的磨耗变形情况
	（二）驾驶室及电控箱检查	驾驶室：驾驶室室内各种安全防护装置(座椅绝缘保护、保险、联动控制台等防护罩、电铃盖、灭弧盖等)齐全有效。 电控箱的安全检查：箱体是否防水，有无漏洞
	（三）龙门吊横梁上的检查	仓盖(走台门)保护开关及其电线：开关在正常工作状态，无故意绑死现象；电线完好无破损。 小车轨道：轨道变形、悬空、开裂、两边高低不平、紧固件松脱晃动等现象。 小车限位及端止：小车限位开关及盖、电线完好性。 检查各照明灯的安全情况：支持件、电线、防爆网等牢靠结实。 小车电缆：小车电缆的牵引绳是否牢靠结实；电缆的所有滚轮润滑，无滑动或卡死现象；电缆运动时无障碍。 小车车轮无严重磨损、开裂、变形、紧固件松脱等：无严重磨损、开裂、变形、紧固件松脱等。 小车间内电机：电机外观、接线盒是否完好。 小车间内刹车机构：小车间内刹车机构的各个紧固件是否松动；检查刹皮磨损情况等。 小车间内钢丝绳及卷筒：钢丝绳润滑油脂、磨损等；钢丝绳的固定装置；压板的紧固装置有效无松动。 小车间内的其他部件：减速箱完好，润滑油充足，无裂纹等缺陷。定滑轮无裂纹等缺陷。各个紧固件牢靠
动态检查		起升限位：测试起升限位的有效性。 小车两端限位：小车运行的两端限位能可靠地停住车。 大车刹车及动态防风装置：开动大车到最高速后停车，观察刹车制动和动态防风装置动作情况，刹车后刹车轮不应再转动。 试车：观察结构、电机及其他机构等应无异响
作业检查		龙门吊动车前鸣铃示警； 工作时结构、电机、轮子、轨道及其他机构等应无异响。 其他违章行为

1.9 施工机具

1.9.1 一般要求

（1）进入施工现场的施工机具应通过安全验收手续。
（2）操作人员应遵守施工机具的保养规定，认真及时做好各级保养工作，经常保持施工机具的完好状态。
（3）施工作业人员必须按规定穿戴劳动保护用品，长发应束紧不得外露，高处作业时必须系安全带。
（4）按照使用说明书正确操作、合理使用施工机具。
（5）机具上的各种安全防护装置、信号装置应完好齐全，有缺损时应及时修复。安全保护装置不完整或已失效的机械不得使用。
（6）机具设备使用时易发生危险的场所，应在危险区域界限处设置围栏和警告标志，以及采取安全措施。
（7）在机械运转中可能产生对人体有害的气体、液体、尘埃、渣滓、放射性射线、振动、噪声等场所，必须配置相应的安全保护设施和三废处理装置。

1.9.2 气割设备

氧气、乙炔库房

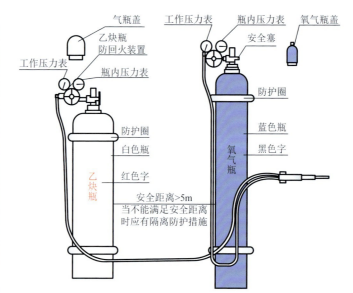

氧气、乙炔瓶配套安全装置

氧气瓶吊笼（尺寸单位：mm）

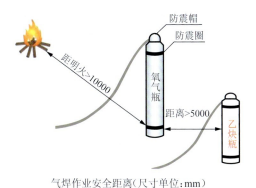
气焊作业安全距离(尺寸单位:mm)

氧气、乙炔瓶运输小车

1.9.3 电焊机

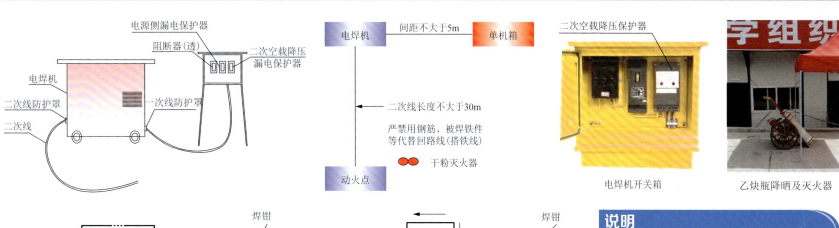

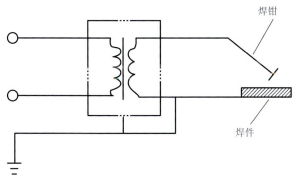
电焊机开关箱

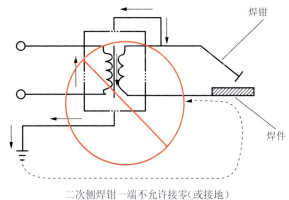
乙炔瓶降晒及灭火器

电焊机接零(或接地)保护

二次侧焊钳一端不允许接零(或接地)

说明

1. 电焊机应放置在防雨、干燥和通风良好的地方。焊接现场不得有易燃、易爆物品。

2. 使用电焊机焊接时必须穿戴防护用品,严禁露天冒雨从事电焊作业。

1.9.4 圆盘锯

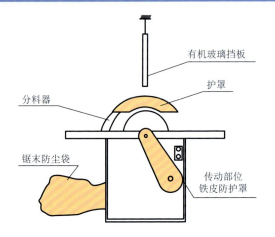

圆盘锯示意图及实物图

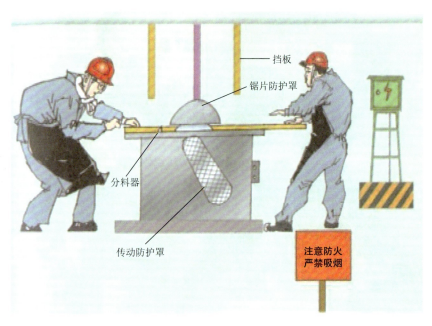

圆盘锯现场操作示意图

说明

1. 机械安装应坚实稳固，保持水平位置。
2. 传动皮带应完好，松紧度适中，不应有异常冲击、振动。
3. 分料器、锯片防护罩、皮带防护罩应齐全有效。
4. 设置专用电气开关箱，应使用按钮开关，禁止使用旋动开关。开关箱应密闭性好，有良好的防尘功能，开关箱与圆盘锯距离不大于3m。
5. 圆盘锯禁止带电或在运行中进行维修和清扫。
6. 及时清理木屑废料，防止木屑堆积在电动机和传动皮带上。

1.9.5 钢筋机械

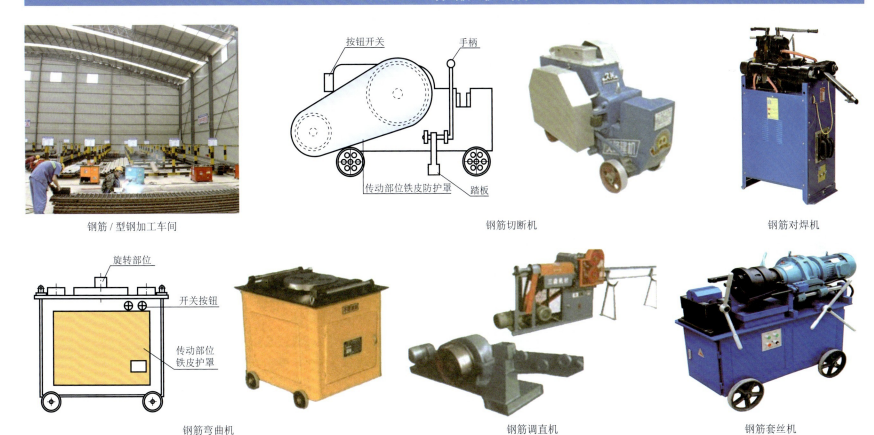

钢筋/型钢加工车间　　钢筋切断机　　钢筋对焊机

钢筋弯曲机　　钢筋调直机　　钢筋套丝机

砂轮切割机

说明

1. 钢筋机械的安装应坚实稳固，保持水平位置。固定式机械应有可靠的基础；移动式机械作业时应揳紧行走轮。
2. 室外作业应设置防雨、防砸机棚，机旁应有堆放原料、半成品的场地。
3. 钢筋机械设备的齿轮、皮带等传动部分必须安装防护罩。
4. 钢筋切断机切断短料时，手和切刀之间的距离应保持在150mm以上，如手握端小于400mm时，应采用套管或夹具将钢筋短头压住或夹牢。运转中，严禁用手直接清除切刀附近的断头和杂物。

说明

5. 钢筋弯曲机作业中,严禁更换轴芯、销子和变换角度以及调速,也不得进行清扫和加油。
6. 钢筋调直机和冷拉机工作区域应设置警戒区,无关人员不得在此停留。
7. 加工较长的钢筋时,应有专人帮扶,并听从操作人员指挥,不得任意推拉。
8. 作业后,应堆放好成品,清理场地,切断电源,锁好开关箱,做好润滑工作。

1.9.6 混凝土机械

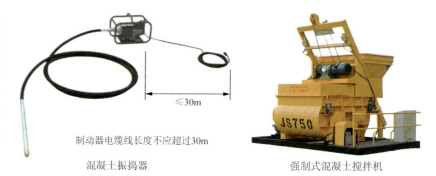

制动器电缆线长度不应超过30m

混凝土振捣器　　　　　强制式混凝土搅拌机

混凝土搅拌机停机监护

说明

振捣器:

1. 振捣器电缆长度不应超过30m。
2. 保护零线应单独设置,并应安装漏电保护器。
3. 操作人员应穿戴绝缘手套、绝缘鞋。

搅拌机:

1. 电闸箱与搅拌机距离不得超过3m。
2. 保护零线应单独设置,并应安装漏电保护器。
3. 离合器、制动器应灵敏有效,料斗钢丝绳的磨损、锈蚀、变形量应在规定允许范围内。
4. 应设置作业棚,具备防雨、防晒功能。

1.10 管线保护

1.10.1 管线调查

(1)项目部技术负责人在制定施工组织设计方案时,要从现状管线保护角度考虑方案的可操作性和安全性,从方案上保证管线安全。
(2)取得各种地下管线资料后,对照现场与图纸资料互相校核验证。
(3)现场地下管线详细调查,可采用的方法主要如下:
①挖探坑:开挖时应采用铁锹薄层轻挖,不宜使用羊镐、钢钎等尖锐工具。根据现场情况确定探坑的间距,通过两处以上探坑暴露的管线情况来推断该种管线的大致走向和埋深等信息。
②采用管线探测仪探测:采用科学仪器与人工开挖结合探测电力、电信、燃气、供热、供水、排水和有线电视等各类管线的准确位置和埋设深度等数据。
③与各专业管线单位监护人员进行交流,请其介绍管线的分布情况,施工中应该注意的事项。
④通过检查井盖位置、附近标识物等判断管线的大致走向。

现场调查

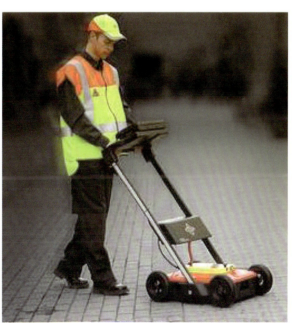

仪器(地质雷达)探测

人工挖探

挖探出的管线

1.10.2 管线图和管线标识

1) 管线图

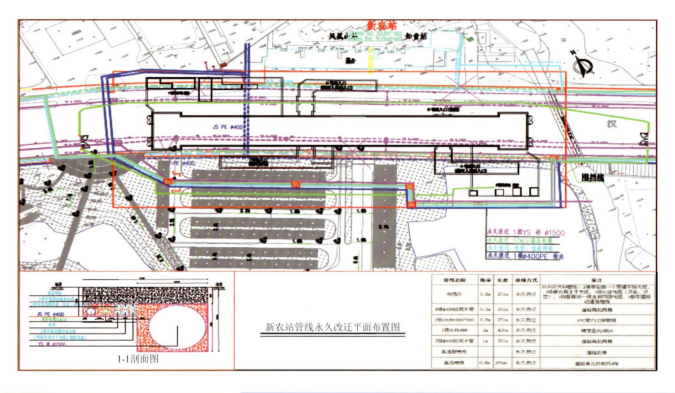

新农站管线永久改迁平面布置图

1-1剖面图

说明

绘制管线分布图。将调查出的各种地下管线叠加绘制在同一张平面分布图上,注明每种管线的埋设方式,张贴在办公室显要位置,组织施工管理人员交底学习,随时提醒相关人员注意管线安全。

2)各类管线标

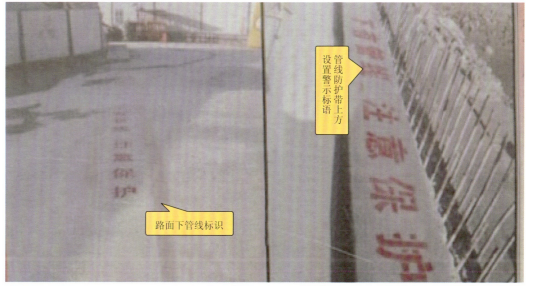

说明

现场做好警示标志。对已查明的地下管线,在施工现场应做好醒目的警示标志,方法是沿管道走向插小红旗,旗杆上设置方向标和标志牌,标志牌上注明管道名称、管径、根数、埋深等信息,小红旗之间洒白色石灰连成线,提示施工人员和机械操作人员注意保护地下管线安全。对于埋设较浅,受到重压会有危险的管线,还应采用设置警戒线的方式禁止一切重型机械通过。

1.10.3 现场保护

管道悬吊保护

横梁支撑保护

覆盖保护

说明

1. 机械开挖沟槽、路槽作业应有专人指挥,在地下管线位置安全距离外洒白色石灰线,线内禁止机械作业,避免损坏管道。管道位置采用人工薄层轻挖,管道暴露后应采取临时保护和加固措施,随时检查是否存在安全隐患。

2. 对开槽中发现的没有标明的管线,或虽有竣工资料,但管线的位置、走向与实际不符合时,要及时报告召开专门的会议,制订保护方案。

3. 机械操作人员必须服从现场管理人员的指挥,小心操作,禁止盲目施工,施工机械行进路线应避开已标明的地下管道位置。

4. 常见的供水、电缆、燃气管道等遇到障碍物时会突然抬高或走向突左突右、很不规则。施工人员要时刻保持警惕,不能依据某探坑处发现的管线位置、标高而想当然地认为全线如此。

5. 开挖作业时根据土层的变化和土壤含水率的变化来推测管线位置,土壤突然变湿或局部翻浆应考虑附近可能有供水管道;土壤突然变干应考虑附近可能有供暖管道;若显示为回填土或采用其他材料回填则应小心地下管线。

6. 根据专业管线的常用包管材料来判断管道位置和种类。供热管道常用黄砂包管;燃气管道常用石粉包管,并在管顶30cm处设置警示带;供水管道常用水泥石屑包管;电力直埋管常用混凝土包管。路槽开挖时,当突然挖出以上材料时应小心地下管道。

1.11 监控量测

1.11.1 通用要求

施工监测基本项目

序 号	明 挖 法	暗 挖 法	盾 构 法
1	日常巡视	日常巡视	日常巡视
2	地表沉降	地表沉降	地表沉降
3	建筑物沉降和倾斜	建筑物沉降	建筑物沉降
4	地下管线沉降	建筑物倾斜	建筑物倾斜
5	围护结构水平位移	地下管线沉降	地下管线沉降
6	围护结构顶沉降	隧道拱顶下沉	管片沉降
7	围护结构顶位移	隧道周边收敛	管片收敛变形
8	支撑轴力		
9	地下水位	重点地段监测地下水位	重点地段监测地下水位
10	周边土体水平位移		

注：1. 山岭隧道地表沉降项目针对浅埋段。
　　2. 建筑物沉降、地下管线沉降针对施工影响范围内的建筑物和管线。
　　3. 建筑物倾斜主要针对施工影响范围内的建筑物。
　　4. 暗挖法和盾构法明挖部分(竖井、施工井)应进行围护结构变形监测。

拱顶下沉和净空变化监测断面间距要求

围岩级别	断面间距(m)
Ⅴ～Ⅵ	≤ 5
Ⅳ	≤ 10
Ⅲ	30~50

地表沉降测点纵向间距要求

隧道埋深与开挖宽度	纵向测点间距(m)
$2B < H < 2.5B$	20～50
$B < H < 2B$	10～20
$H < B$	5～10

注：H 为隧道埋深，B 为隧道开挖宽度。

净空收敛测线数要求

开挖方法 \ 地段	一般地段	特殊地段
全断面	一条水平测线	—
台阶法	每台阶一条水平测线	每台阶一条水平测线，两条斜线
分部开挖法	每分部一条水平测线	CD 或 CRD 法上部、双侧壁导坑法左右侧部，每分部一条水平测线、两条斜线、其余分部一条测线

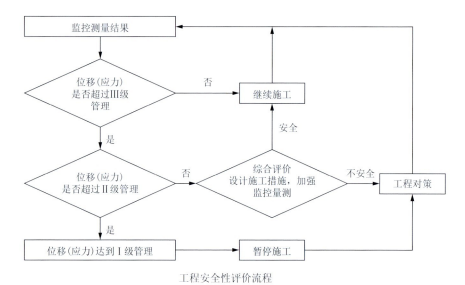

工程安全性评价流程

预警状态分级标准如下：

1. 黄色监测预警："双控"指标（变化量、变化速率）均超过监控量测控制值的 70% 时，或双控指标之一超过监控量测控制值的 85 时；

2. 橙色监测预警："双控"指标均超过监控量测控制值的 85% 时，或双控指标之一超过监控量测控制值时；

3. 红色监测预警："双控"指标均超过监控量测控制值，或实测变化速率连续 3 天超过控制值的 80%。

预警响应一般措施

一般措施	稳定开挖工作面
	调整开挖方法
	调整初期支护强度和刚度，并及时支护
	降低爆破振动影响
	围岩与支护结构间回填注浆
辅助措施	地层预处理，主要采用注浆加固的方法
	超前支护，包括超前锚杆、管棚等

预警响应要求

1. 预警事件发布后，项目部、上级公司应在 4h 内对预警事件进行处理，并及时提交预警事件处理意见。上级公司要督促、跟踪落实。

2. 项目在收到预警信息后必须第一时间核实，核实无误后根据应急预案确定应急响应的级别，采取相应的应急措施。

3. 对预警信息的响应还应符合业主的管理规定。

1.11.2 监测点设置

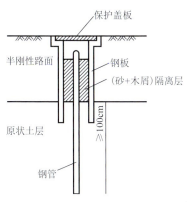
地表沉降点的埋设

地表沉降点的埋设

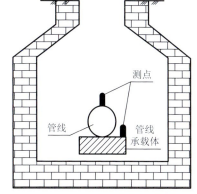
管线沉降点的埋设（直接式，适用于小埋深、大管径管线监测）

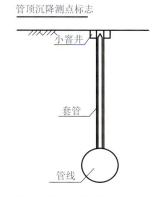
管顶沉降测点标志

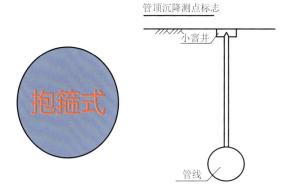
管线沉降点的埋设（抱箍式，适用于重要管线监测）

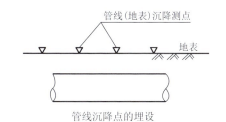
管线沉降点的埋设（模拟式，适用埋深较浅，能随地层变形的管线监测）

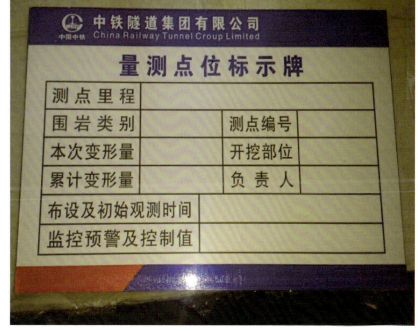
监控量测标识牌

说明

1. 埋点时尽量人工操作，避免破坏地下管线。

2. 成孔以后放入钢筋，放入钢套筒隔离钢筋与周边土体，上部回填砂土和木屑。

3. 测点上部安设保护盖，做好标记。

全站仪+反射片量测

隧道拱顶下沉及收敛监控量测点布设

信息化监控量测平台

静力水准仪自动监测

监控量测平台历时曲线查询

监控量测平台数据查询

第 2 章
隧道工程

2.1 山岭隧道施工

2.1.1 爆破物品管理

(1)炸药库、雷管库设计

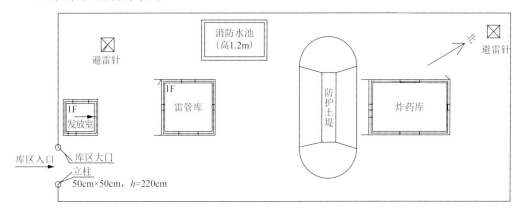

炸药库、雷管库平面示意图(尺寸单位:mm)

入侵警报探测器

炸药库、雷管库总体布局

炸药库大门

库房内温湿度计

静电释放球

两层库房门

炸药存放

监控摄像头

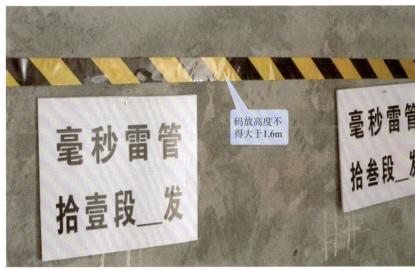

雷管存放定高线

库房看护犬

值班室与库房的最小允许距离

序号	值班室设置防护屏障情况	单库计算药量(kg)	
		3000＜药量≤5000	药量≤3000
1	有防护屏障	65	30
2	无防护屏障	90	60

出入爆破器材库人员登记表

爆破器材库名称：

序号	入库时间	出库时间	姓名	单位	事由	备注

说明：时间采用24小时制。

避雷针

对仓库保管员的规定

1. 爆破器材仓库保管员必须为本单位正式职工，每个爆破器材仓库保管员不少于2名。正式职工的标准为：本单位合同制职工或经劳务公司派遣、签订劳务合同并由项目（工区）单独支付工资的人员。

2. 发放爆破器材时，同时进库人员不得多于3名。

爆破器材的仓库建筑规定

1. 项目（工区）在开工前提出建库计划（包括拟建仓库的地点、时间、设计图、库存容量、保卫措施、防火制度、保管员名单等内容）报当地县（市）公安局审核批准，配合公安部门按照既便于施工又确保安全的原则选址建库，同时应办理相关储存使用许可证明；施工现场建立临时储存室或设防爆箱临时存放时，也必须报当地县（市）公安局批准。

2. 仓库应布置在不受山洪、滑坡、泥石流、危石威胁的地方，宜设在偏僻地带，并保持干燥、凉爽。相邻库房不应长边相对布置，炸药库和雷管库必须分别建造，每个仓库距生活区等保护对象的允许距离及炸药库和雷管库之间距离应满足《爆破安全规程》（GB 6722—2014）、《小型民用爆炸物品储存库安全规范》（GA 838—2009）的规定要求。应在库外设排水沟，同时设置独立看守值班室，出入库区人员必须进行登记，填写"出入爆破器材库人员登记表"。

3. 仓库四周应设密实围墙，储存库区周围有陡峭山体、水沟等能起到防盗、防火作用的自然屏障处，可不设密实围墙，但应设铁丝网围墙。其高度不应低于2m，围墙到最近库房距离不宜小于5m，库区内应保持清洁，无杂草，无易燃物；库区内必须备有足够的消防器材，并应保持完好和有效，其保管及看守人员均应熟悉使用方法。

（2）火工品领用

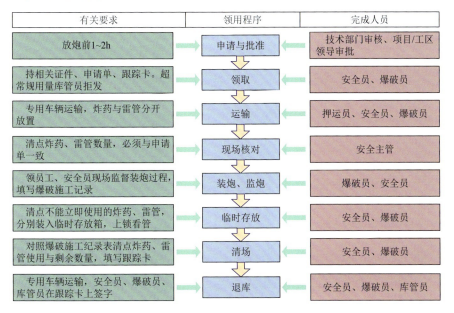

火工品领用程序

爆破器材申请及消耗审核表

申请单位：

使用部位里程：　　　　　　　　日期：　　　　　编号：

序号	材料名称	规格型号	单位	申领数量	实发数量	实际消耗	退库数量
1	乳化炸药		kg				
2	硝铵炸药		kg				
3	毫秒雷管	米段	发				
4	毫秒雷管	米段	发				
5	毫秒雷管	米段	发				
6	毫秒雷管	米段	发				
7	毫秒雷管	米段	发				
8	毫秒雷管	米段	发				
9	毫秒雷管	米段	发				
10	毫秒雷管	米段	发				
11	导爆索		米				
12	电雷管		发				

1. 领用审批环节说明：审批时按照层层审批，不得越级审批。即工程技术部门负责人（或委托人）→项目主管领导（项目经理或受项目经理授权委托的负责人）；

2. 出库及退库时间采用24h制

领用审核签字	实际消耗审核签字
1. 工程技术部门负责人（或委托人）：	现场施工当班负责人：
2. 项目主管领导：	现场施工当班安全员
领用人：(爆破员签字)	退料人：(爆破员签字)
出库时间：　时　分	退库时间：　时　分
保管员：	押运人员：	押运人员：	保管员：

炸药收发登记卡

材料名称：
规格说明：
单　位：

年		来料单、审批或退料单编号	收入数量	退　料						发　出						结存
月	日			（班组名）		（班组名）		（班组名）	退料合计	（班组名）		（班组名）		（班组名）	发出合计	
	时间			数量	退料人签字	数量	退料人签字	数量	退料人签字		数量	领用人签字	数量	领用人签字	数量	领用人签字	

雷管发出登记卡

材料名称：
规格说明：
单　位：

年		凭证号	发　　出					累　计
月	日		数量	箱号	盒(把)号	雷管编号	签字	

说明

1. 使用班组必须指定专人（爆破员）领取爆破器材，不得随意更换。

2. 爆破器材应按其出厂时间和有效期的先后顺序发放使用；变质的、过期的爆破器材，不得发放。

3. 发放电雷管时，必须确认每个电雷管脚线扭结，处于短路状态。

4. 严禁穿铁钉鞋，携带火机、火柴、手机和穿着易产生静电的化纤衣服等进入库房和发放间。

5. 搬运爆破物品要轻拿轻放，不得摩擦、撞击、抛掷、翻滚，遇暴风雨或雷雨时，不应装卸爆破器材。

核对领用人员信息

现场领料火工品领用程序

装车

（3）火工品运输

火工品专用运输车辆

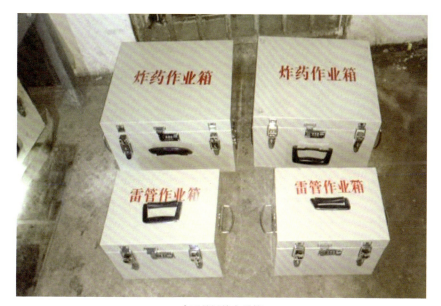

火工品运输专用箱

火工品运输相关规定

1. 运输车辆及驾驶人员必须是经公安机关核准备案的专用车辆和人员；保管员在运输车辆出发后必须立即向现场副队长（副经理等职务人员）报告。

2. 运输爆破器材必须由专人押运，炸药、雷管必须用专用车辆分开运输，严禁和其他物品混装；无关人员严禁搭乘运送车辆；车辆应按指定路线行驶，途中因故障停留必须立即报告，设警示标志，由专人看守。

3. 人工搬运爆破器材时，雷管、炸药必须分别放在专用背包（木箱）内，搬运人员之间必须保证足够安全距离，不得一人同时携带雷管和炸药。遇暴雨、雷电、大雾等恶劣天气必须停止运输和装卸作业。

4. 运输车辆距离库门不得小于 2.5m。

(4)火工品使用

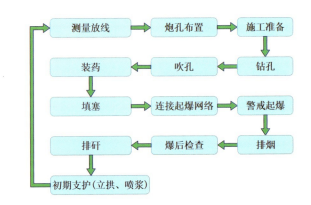

隧道爆破作业流程

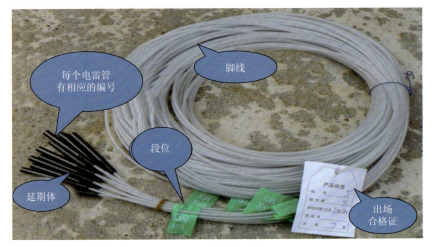

普通毫秒导爆管雷管

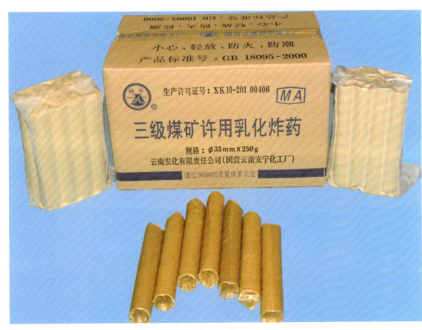

乳化炸药

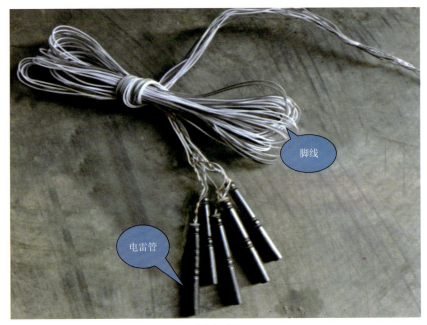

瞬发电雷管

①临时存放、加工

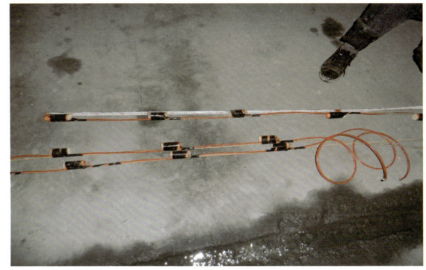

火工品现场加工

火工品临时存放

临时存放、加工要求

1. 立即存放至防爆箱内，并设专人看管，雷管箱和炸药箱距离25m以上，并标志"严禁烟火"。

2. 洞内临时加工存放点宜选择在已二次衬砌混凝土部位或围岩较好且无作业人员之处。

3. 临时加工存放点只准存放当班作业所需的爆破器材。

4. 临时加工地点应设置防爆箱，爆破器材运至后必须清点复核品种、数量、规格，无误后方可接收，雷管、炸药应分开堆放（距离不少于25m）；周围设置警戒区，严禁无关人员靠近。

5. 临时加工存放不得超过30min。

②钻孔、吹孔、装药

人工钻孔作业

凿岩台车钻孔作业

装药作业

安全控制要点

1. 打眼工序没有完成，严禁炸药、雷管上台架，严禁边打眼边装药；装药时应用投光灯，装药照明必须使用36V及以下安全电压，装药前电灯及电线路应撤离工作面，工作面不得有杂散电流。

2. 装药必须使用专用炮棍或木棍，杆头平齐；炮眼堵塞质量必须符合安全规程和设计要求。剩余爆破器材必须立即核对、清理、退库。

3. 爆破作业现场及附近严禁出现火种，严禁在作业现场抽烟。

4. 装药发生卡顿时，若在雷管和炸药放入之前，可采用非金属长杆处理，装入雷管及炸药后不得用任何工具冲击、挤压。

5. 装炮必须在领工员和安全员监督下由爆破员操作，起爆雷管必须在领工员(安全员)监督下进行连接。

③爆破警戒

装药时现场警戒

起爆前现场安全距离警戒

爆破前洞口现场警戒

爆破警戒要求

装药完成由专门人员发出预警信号后,除 2 名爆破员外其他作业人员必须全部撤出警戒区,开挖班长必须自爆破工作面向外清场,在安全距离以外设置警示标志并安排专人警戒,确认全部人员撤离后方可通知爆破员连接电雷管实施起爆,起爆站与爆破位置的距离应满足设计要求并不小于 300m。

④爆后处理

检查残眼

用铁丝勾出残余炸药

用竹签取出残余炸药

爆后处理要求

1. 爆破后必须通风 15min 以上，方准许 2 名人员进入爆破作业地点检查；发现盲炮或怀疑盲炮、其他残留爆破器材，应向爆破负责人报告后再组织检查、评估和处理。

2. 必须确认安全后且经当班开挖班长同意，其他人员才可进入爆区作业。

3. 可用木、竹或其他不产生火花的材料制成的工具，轻轻地将炮孔内填塞物掏出。

⑤火工品退库及销毁

炸药收发登记卡

材料名称：
规格说明：
单　位：

年		时间	来料单、审批或退料单编号	收入数量	退料						退料合计	发出						发出合计	结存
					（班组名）		（班组名）		（班组名）			（班组名）		（班组名）		（班组名）			
月	日				数量	退料人签字	数量	退料人签字	数量	退料人签字		数量	领用人签字	数量	领用人签字	数量	领用人签字		

雷管退料登记卡

材料名称：
规格说明：
单　位：

年		退料						发　出					累计结存
月	日	退料单位	数量	箱号	盒(把)号	雷管编号	签字	数量	箱号	盒(把)号	雷管编号	签字	

爆破器材申请及消耗审核表

申请单位：
使用部位里程：　　　　　　日期：　　　　　编号：

序号	材料名称	规格型号	单位	申领数量	实发数量	实际消耗	退库数量
1	乳化炸药		kg				
2	硝铵炸药		kg				
3	毫秒雷管	米段	发				
4	毫秒雷管	米段	发				
5	毫秒雷管	米段	发				
6	毫秒雷管	米段	发				
7	毫秒雷管	米段	发				
8	毫秒雷管	米段	发				
9	毫秒雷管	米段	发				
10	毫秒雷管	米段	发				
11	导爆索		米				
12	电雷管		发				

1. 领用审批环节说明：审批时按照层层审批，不得越级审批。即工程技术部门负责人（或委托人）→项目主管领导（项目经理或受项目经理授权委托的负责人）；

2. 出库及退库时间采用24h制

领用审核签字	实际消耗审核签字
1. 工程技术部门负责人（或委托人）：	现场施工当班负责人：
2. 项目主管领导：	现场施工当班安全员：
领用人：（爆破员签字）	退料人：（爆破员签字）
出库时间：　时　分	退库时间：　时　分
保管员：	押运人员：	押运人员：	保管员：

导爆（火）索收发登记卡

| 材料名称： |
| 规格说明： |
| 单　位： |

年		时间	来料单、审批单或退料单编号	收入数量	退料						退料合计	发出						发出合计	结存
月	日				（班组名）		（班组名）		（班组名）			（班组名）		（班组名）		（班组名）			
					数量	退料人签字	数量	退料人签字	数量	退料人签字		数量	领用人签字	数量	领用人签字	数量	领用人签字		

作业要点

1. 当班完成爆破作业后，爆破员、安全员与当班施工负责人在现场共同核实爆破器材的实际消耗情况，填写当班的"爆破器材申请及消耗审核表"。

2. 未用完的爆破器材必须及时清点、退库，严禁带回住地和随意存放，严禁私藏、截留。保管员对退库的爆破器材进行清点，登账入库并单独放置。

3. 严禁项目在任何场所销毁任何民用爆炸物品；不再使用时，应当将剩余的民用爆炸物品登记造册，报公安机关处置。

2.1.2 洞口工程

(1) 洞口布置及防护

隧道洞口布置　　　　　　　　　　　洞顶截水沟

隧道洞口抗滑桩　　　　　　　　隧道洞口便桥、便道防护

隧道洞口工程施工顺序

洞顶截水沟与永久排水系统顺接

隧道洞口洞顶被动防护

洞顶主动防护网

说明

1. 洞口边仰坡边缘线5m以外设置洞顶截水沟。洞顶截水沟位置结合现场实际情况布设,并与路基排水系统顺接,截水沟必须在边、仰坡施工前完成,确保坡面稳定。

2. 处于陡峭、高边坡的洞口应增设安全棚、安全栅栏或安全网,有落石、坍塌可能的危险地段应采取临时防护或加固措施,并设置防坍监测点等洞口防坍措施。

3. 洞口土方采用挖掘机分层开挖,自上而下进行,每层高度2~3m,随开挖随支护;石方采用浅孔控制弱爆破。

4. 洞门施工在明洞或洞口段衬砌完成后进行,应避开雨季和严寒季节施工,Ⅲ级围岩开挖120m必须完成洞口工程、Ⅳ级以上围岩(含)开挖90m必须完成洞口工程。(《中国中铁股份公司隧道施工防坍塌卡控红线》规定)。

5. 明洞回填在拱墙及仰拱混凝土强度达到设计强度的100%且碎石过滤层施工完成后进行,明洞基坑回填应分层压实;隧道结构两侧回填应对称进行,两侧回填面高差不得大于50cm。

（2）超前地质预报

RPD-150C 超前地质钻机

HL518B 水平定向钻机

矿研 180 超前地质钻机钻孔作业

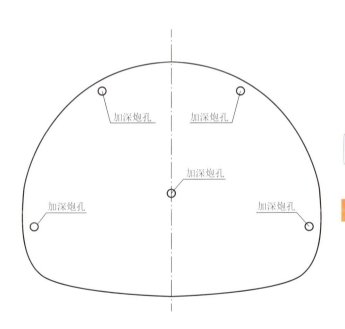
加深炮孔布置示意图

```
超前预报方法
├─ 直接法
│   ├─ 地质素描
│   ├─ 加深炮孔
│   ├─ 超前水平钻孔
│   └─ 超前平行/正洞导洞(坑)
└─ 间接法
    ├─ 地震波反射法(TSP)
    ├─ 地质雷达法
    └─ 红外探水法
```

不同预报方法的选择原则

1. 加深炮孔及超前水平钻、TSP 等地质超前地质预报方法原则上适用于山岭隧道，优于Ⅲ级围岩的采用地质素描和加深炮孔法；弱于Ⅲ级围岩的采用超前水平钻孔。

2. 加深炮孔每循环不少于 3 个，加深长度不少于 2m，水平钻搭接不少于 5m。

3. 设计文件要求强于第 1 条时，以设计文件为准。

TSP203 主机　　　　　　TSP203 探测仪

```
超前地质预报重点
├── 断层
├── 岩脉
├── 破碎带
├── 溶洞
├── 暗河
├── 煤系地层
└── 其他不良地质体
```

 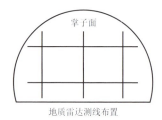 

掌子面

地质雷达测线布置

美国 GSSI 公司产的 SIR-20 型地质雷达主机、测线布置及作业现场

说明

1. 超前地质预报工作必须纳入工序管理，并应编制超前地质预报的安全保障措施。

2. 超前地质预报人员必须经过隧道施工安全教育培训，并掌握安全操作技术和安全生产的基本知识。

3. 对含瓦斯和天然气的隧道，应遵守国家现行《煤矿安全规程》和《铁路瓦斯隧道技术规范》（TB 10120—2002）等的有关规定。

4. 进行隧道地质预报时，必须先监测有害气体浓度，超标时应加强通风，浓度符合卫生标准要求后方可进入工作面。

5. 地质预报工作必须在隧道找顶作业结束后（高地应力区隧道应待工作面支护完成后）进行，开始工作前应观察操作空间上方、周围有无安全隐患，特别是钻探开挖工作面附近是否还有危石存在，确保预报人员的安全。

6. 在可能发生突水、突泥的地段，进行超前钻探时发现岩壁松软、掉块或钻孔中的水压、水量突然增大，以及有顶钻等异状时，必须停止钻进，立即上报处理，并派人监测水情；发现情况危急时，必须立即撤出人员，然后采取措施进行处理。

7. 采用钻探法预报时，严禁在残孔内加深炮孔进行探测。

8. 采用地震波反射法预报时，使用的炸药量不得大于75g。炸药和雷管必须由持有爆破证的专人领取和操作，非专业人员严禁从事爆破作业。并应遵守《爆破安全规程》（GB 6722—2014）有关规定。

2.1.3 开挖作业

(1) 主要开挖方法和适用范围

各种开挖方法的适用范围(参考)

开挖方法	适用范围	备注
全断面法	适用于铁路客运专线隧道的Ⅰ~Ⅱ级围岩地段,Ⅲ级围岩单线隧道	Ⅲ级围岩双线隧道采取了有效的预加固措施后,以及特定条件下的Ⅳ级围岩隧道,亦可采用全断面开挖施工工艺
两台阶法	铁路单线、双线隧道Ⅲ~Ⅳ级围岩地段	Ⅴ级围岩隧道在采用了有效的预加固措施后亦可采用台阶法施工
三台阶临时仰拱法	一般适用于地质条件为Ⅳ~Ⅴ级围岩,也适用于浅埋地层隧道暗挖	
三台阶七部法	开挖断面为 100~180 m²,具备一定自稳条件的Ⅳ、Ⅴ级围岩地段隧道的施工(黄土、强风化泥岩、强风化泥质粉砂岩等)	不适用于:围岩地质为流塑状态、洞口浅埋偏压段(但经过反压处理或施做超前大管棚后可采用)
交叉中隔壁法(CRD法)	一般适用于双线以及以上断面Ⅴ~Ⅵ级围岩,也可用于浅埋隧道施工	
双侧壁导坑法	一般适用双线及以上大断面Ⅴ~Ⅵ级围岩,也可用于浅埋隧道施工	

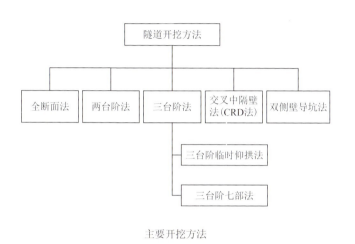

主要开挖方法

(2) 各类开挖方法的安全控制要点

开挖方法	安全管理要点
全断面法	通过地质素描、加深炮孔等方法对前方围岩进行预判,根据围岩情况,及时调整钻爆参数及施工进尺。根据围岩破碎情况调整施工程序,保证安全
两台阶法	当岩体不稳定时需缩短进尺,必要时分左、右两部错开开挖。初期支护要紧跟下台阶及时封闭;下台阶施工时要保证初支钢架整体顺接平直,螺栓连接牢固;钢拱架必须落在实处,严禁悬空或落在虚渣上
三台阶临时仰拱法	严格控制锁脚锚杆(锚管)的施工质量,确保钢架基础稳定;下台阶开挖后仰拱应紧跟;应坚持"弱爆破、短进尺、强支护、早封闭、勤量测"的原则,开挖需要爆破时,采用弱爆破或人工开挖,爆破时严格控制炮眼深度及装药量。开挖控制在 2~3m,必须采用多打眼,少装药,弱爆破,不得超挖,减少对围岩的扰动。尽量缩短台阶长度,通过监控量测,掌握围岩和支护的变形情况,及时调整支护参数和预留变形量
三台阶七部法	应尽量缩短台阶长度,确保初期支护尽快闭合成环,仰拱和拱墙衬砌及时跟进,尽早形成稳定的支护体系;应将超前地质预报纳入施工工序,并根据工程水文地质变化情况,及时调整各部台阶长度或施工方法;按设计要求做好超前支护;施工过程通过监控量测,掌握围岩和支护的变形情况,及时调整支护参数和预留变形量;防止地下水浸泡拱墙脚基础
交叉中隔壁法(CRD法)	各工作面每循环进尺为 1 榀拱架的距离;每块小断面开挖长度 3~5m,及时设置临时仰拱封闭,步步成环,尽量缩短成环时间,必要时进行掌子面临时支护;根据监控量测信息,初期支护稳定后拆除临时支护,拆除长度应根据量测结果确定,但一次拆除长度不超过 15m,并加强监控量测;临时支护拆除后及时施做隧道仰拱和二次衬砌
双侧壁导坑法	导坑开挖后应及时进行初期支护及临时支护,设置锁脚锚杆,并尽早封闭成环;中部开挖完成后,要及时施作初支,尽快使全断面初支封闭成环,按设计做好超前支护;根据监控量测,初期支护稳定后,拆除或倒换临时支护,一次作业长度宜为 6~12m,并加强监控量测

（3）开挖作业安全防护措施

凿岩台车开挖（适用于硬岩环境下的隧道开挖）

铣挖机开挖（适用于特殊环境下的隧道开挖）

悬臂掘进机开挖（适用于无水软土地层）

隧道台阶法开挖台架

台架铺设钢网（5cm×5cm）

逃生管道的演练

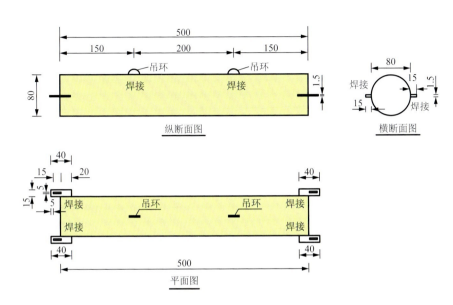

逃生管道尺寸(尺寸单位:cm)

(4)隧道反坡排水

作业要点

1.隧道开挖使用的作业台架应进行强度、刚度和稳定性检算,验收合格后方可使用。

2.台架四周必须设置安全防护设施,两端应设不低于1.2m的栏杆和人员上下专用爬梯。

3.Ⅳ、Ⅴ、Ⅵ级围岩设置逃生管道,从衬砌工作面布置到距离开挖面20m以内适当位置,管内预留工作绳,管道采用承插钢管。

4.隧道双向开挖接近贯通面时,两端施工应加强联系与统一指挥;当隧道两个开挖工作面间相距15～30m时,应改为单向开挖。停挖端的作业人员和机具应撤离,同时在安全距离处设置禁止入内的警示标志。土质或软弱围岩隧道应加大预留贯通的安全距离。

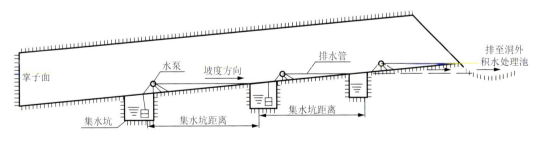

集水坑接力式反坡排水方式

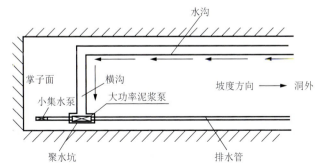

长距离反坡排水方式

洞内固定排水泵站

隧道防淹门

洞内反坡排水的要求

1. 反坡排水应进行排水设计,编制专项方案,明确设备配置。
2. 排水方式应根据距离、坡度、水量和设备情况布置管路,一次或分段接力排出洞外。
3. 集水坑容积应按排水量合理确定,其位置应减少施工干扰。
4. 配备抽水机的功率应大于排水量的20%以上,并应有备用台数。
5. 在膨胀岩、土质地层、围岩松软地段,应铺砌水沟或用管槽排水,洞内施工用水应加强管理,严格控制。
6. 对富水软弱破碎围岩、岩溶等有突涌水风险的隧道,必须进行防突涌水专项设计,编制专项安全技术方案。
7. 隧道内有水地段的高压电线必须按要求铺设,照明必须采用安全电压及防水灯头和灯罩。
8. 应配备备用电源,防止因停电造成隧道浸水。
9. 根据隧道所处环境,必要时需设置防淹门。

2.1.4 初期支护

初期支护拱架安装

初期支护机械手喷射混凝土

初期支护人工喷射混凝土

锚杆台车钻孔

说明

1. 必须采用机械找顶，设专人监护。
2. 设置足够的照明器材和良好的通风设备，保证能见度。
3. 找顶未完成前人员不得处于被清除物的正下方。
4. 禁止使用装载机等有安全隐患的设备辅助安装钢架。
5. 锚孔钻进作业时，应保持钻机及作业平台稳定牢靠，除钻机操作人员外还应安排至少一人协助作业。
6. 推荐使用升降平台等稳定性好、安全性较高、节省人力、提升功效的设备辅助安装钢架。
7. 喷射混凝土作业人员应佩戴防尘口罩、防护眼镜等防护用具，并避免直接接触液体速凝剂。
8. 非施工人员不得进入正在进行喷射混凝土的作业区，施工中喷嘴前严禁站人。
9. 喷射混凝土作业中如发生输料管路堵塞或爆裂时，必须依次停止投料、送水和供风。

2.1.5 通风除尘

轴流风机

隧道通风（公路隧道）

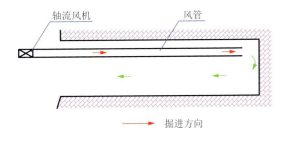

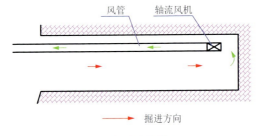

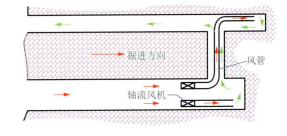

巷道式通风示意图

说明

1. 隧道开挖达到150m需开始通风。
2. 送风式的进风管口应设在洞外，宜在洞口以下20m的新鲜气流中。
3. 通风管靠近开挖面的距离应根据开挖面大小确定，送风式通风管的送风口距开挖面不宜大于15m，排风式风管吸风口距开挖面不宜大于5m。
4. 通风管的安装应做到平顺，接头严密，每100m平均漏风率不得大于2%，弯管半径不小于风管直径的3倍。
5. 通风机运转时，严禁人员在风管的进出口附近停留。

说明

应用范围广，目前国内隧道施工中依靠独头压入式通风在3km独头掘进距离上依然可以保证隧道内的空气质量。

温控养护喷淋台架

水雾帘幕降尘装置实物图

洞内水炮除尘

说明

*水雾降尘原理：*水雾帘幕降尘装置设计充分利用隧道施工用的高压风和高压水进行，即利用气体介质与液体介质之间的相互挤压、加速或剪切作用将液体雾化形成高压水微粒雾蔽带使粉尘不能向外扩散并随着水粒降落，其中一部分在降尘装置形成负压作用下重新被吸入降尘装置得到彻底净化后放入大气。

*设置方式：*水雾帘幕降尘装置安装于开挖台架上，爆破作业完成装药并退出开挖台架后开启降尘设备，装渣作业开始时将降尘设备置于掌子面退后40m左右处，以不影响装渣作业为宜，确保降尘、出渣平行作业。在隧道调平层已完成地段加设路面冲洗设备，对路面及来往车辆冲洗除尘。

*加工方法：*在开挖台架主骨架上横梁处设一 $\phi 40$ mm 镀锌钢管，钢管长 3～4m，钢管一端堵死，一端接入风水混合器，混合器外接高压风及高压水管，并设置阀门。镀锌钢管每20cm 钻 2mm 排雾孔，2 排孔宜设计成垂直状。

2.1.6 出渣运输

装渣作业1

装渣作业2

洞内道路防护

作业要点

1. 隧道施工独头掘进长度超过150m时,必须采用机械通风。爆破后应及时进行通风、照明、找顶和初喷混凝土等工作,确认工作面安全及通风、照明满足要求后,方可进行装渣作业。

2. 长及特长隧道施工应有备用通风机和备用电源,保证应急通风的需要。

3. 装渣时作业区域无关人员禁止入内,设有监护人指挥、警戒。

4. 装渣机械作业时,其回转范围内不得有人通过。

5. 装渣高度不得超过车厢边缘,装载平衡,应避免偏载、超载。

6. 装渣时发现渣堆中有残留的炸药、雷管应立即报告现场负责人处理。

7. 运输行车速度不得大于15km/h,成洞段不大于20km/h;危险位置应设置慢行标志。

2.1.7 二次衬砌及防水施工

二次衬砌台车

衬砌台车 36V 行灯变压器

衬砌台车消防器材

防水板焊接

说明

1. 台车、台架应安装防护彩灯、反光标志、限高限速等警示标牌，确保行车安全。

2. 钢筋台架、防水台架及衬砌台车应设置消防器材及防火安全警示标志，并应设专人负责。照明使用安全电压。

3. 防水板的临时存放点应设置消防器材及防火安全警示标志，并有专人负责看管和发放。

4. 防水板施工时严禁吸烟，钢筋焊接作业时，应设临时阻燃挡板防止机械损伤和电火花灼伤防水板。

5. 防水板作业面的照明灯具严禁烘烤防水板。其防水板间距离不得小于50cm。

6. 防水板作业时应指定专人观察作业安全状态。

7. 衬砌台车就位后，应设置防溜车装置，液压支撑应有锁定装置。

8. 泵送混凝土管道堵塞时，应及时停止泵送并逐节检查确定堵塞部位。堵管处理应按操作程序进行，不得违规作业，严禁用手接触运转中输送泵进料口。

9. 混凝土浇筑过程中应检查堵头及支撑的安全状况。

2.1.8 仰拱施工

仰拱装渣

仰拱开挖

长距离仰拱栈桥

安全控制要点

1. 仰拱一次开挖长度不能超过规范要求,开挖后必须及时支护,不能长时间放置。

2. 开挖过程中随时观察隧道初期支护,如发现有开裂、掉块及异常渗水等,听有异响时必须及时向洞口方向撤离。

3. 栈桥等架空设施强度、刚度和稳定性应满足施工要求,栈桥基础应稳固,桥面应做防侧滑处理,推荐使用液压自行式移动栈桥。

4. 栈桥两侧应设限速警示标志,车辆通过速度不得超过 5km/h。

5. 重载车辆通过仰拱栈桥时应减速鸣笛,栈桥下方及两侧人员应立即躲避到安全区域(车辆意外倾覆范围外)。

6. 作业时注意观察,不抢道、不占道,及时避让,减少停留,不强行搭乘及扒车。车辆通过栈桥必须提前鸣笛警示,栈桥下及车辆倾翻范围内人员必须立即撤离到安全区域避让,禁止在栈桥下停留或躲避。

2.1.9 瓦斯隧道

(1)瓦斯隧道分类

瓦斯隧道和瓦斯工区施工相关规定如下。

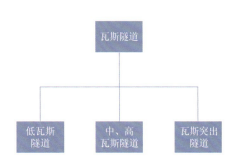

瓦斯工区的判断标准

瓦斯工区类别	判断标准	备 注
非瓦斯工区	—	
低瓦斯工区	全工区的瓦斯涌出量小于 $0.5m^3/min$	
中、高瓦斯工区	大于或等于 $0.5m^3/min$	
瓦斯突出工区	只要有一处有突出危险	1. 瓦斯压力 $P \geqslant 0.74MPa$； 2. 瓦斯放散初速度 $\Delta P \geqslant 10$； 3. 煤的坚固性系数 $f \leqslant 0.5$； 4. 煤的破坏类型为Ⅲ类及以上

说明

瓦斯隧道的类型按隧道内瓦斯工区的最高级确定。

安全控制要点

1. 当爆破作业面附近20m以内风流中瓦斯浓度达到1%时，必须停止钻孔作业；当瓦斯浓度达到1.5%时，必须停止一切作业，撤出工作人员，切断电源，采取措施进行处理。

2. 电动机附近20m以内风流中瓦斯浓度达到1.5%时，必须停止运转，撤出人员，切断电源进行处理。

3. 当瓦斯积聚大于 $0.5m^3$，浓度大于2%时，附近20m内必须停止工作，撤出人员，切断电源进行处理。

4. 因瓦斯浓度超过规定的允许值而切断电源的电气设备，必须在瓦斯浓度降到1%以下时，方可启动机器。使用瓦斯自动检测报警断电装置的开挖工作面，必须人工复电。

5. 低瓦斯工区任意处瓦斯浓度超过0.5%时，应加强通风监测。

6. 开挖后应及时进行喷锚支护，封闭围岩、堵塞岩隙，防止瓦斯继续逸出。

(2)管理人员配备

说明

施工单位应该成立专门的瓦斯隧道安全管理机构设置专职办公室,负责人由有经验且参加过瓦斯治理培训的工程师负责。另外,还要配备通风专业工程师、监控专业工程师、机电工程师、地质工程师、隧道技术员。高峰隧道在施工过程,除配备有经验的负责人外,配备认真负责的隧道技术人员和安全员、瓦检员各 2 名。

(3)设备机具

说明

1. 装运设备:需按规定对洞内设备进行改装,对行走设备加装瓦斯断电设备。

2. 地质超前预报设备:配备满足实际需要的地质超前钻机。

3. 钻机:防爆型煤电钻。

4. 供风、供水、照明设备:防爆型轴流风机、阻燃型防静电通风管、抽水机、高压水箱、发电机、变压器、防爆灯等。

5. 瓦斯监测设备:光学瓦检仪、便携式瓦检报警仪、瓦斯自动检测报警断电装置、多参数检测报警仪等。

安装了瓦斯断电系统的施工机械(装载机、挖掘机、汽车)

通风设备(射流风机)

瓦斯监测系统平面示意图

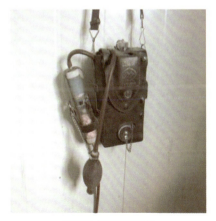

光干涉式甲烷测定仪

便携式瓦斯报警仪

风速仪

瓦斯自动监控仪

防爆开关　　　　　　　　　　　　防爆灯　　　　　　　　　　　　防爆变压器

  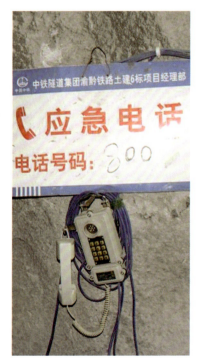

隧道内自救器、防爆广播及电话

瓦斯人工监测

瓦斯自动监测

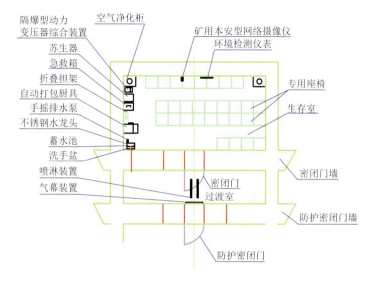
避险硐室布置示意图

避险硐室

施工工艺要求

1. 钻孔：必须采用湿式钻孔；炮眼深度不得小于0.6m。

2. 装药：必须采用煤矿许用炸药，瓦斯突出危险地段采用安全等级不得低于三级的煤矿许用的含水炸药；必须采用煤矿许用毫秒延期电雷管；严禁反向装药；必须按规定使用水泡泥，严禁裸露爆破或放明炮、糊炮。隧道揭煤前，必须按规定测定煤层瓦斯压力、瓦斯含量等情况，揭煤范围爆破必须制定专项安全措施，按规定报批后，由项目带班人员现场监督实施，严禁未经审批情况下爆破作业。

3. 爆破：必须执行"一炮三检制"和"三人连锁起爆制"；同一作业面只能用一台防爆型起爆器作为电力起爆源。

4. 爆后作业：必须在爆破15min后检查物体（设备、洞渣）阻塞开挖断面不得大于35%、CO_2浓度小于1.5%、瓦斯浓度小于1%的情况下才能作业。

2.1.10 竖井及斜井

（1）竖井施工
①基本知识

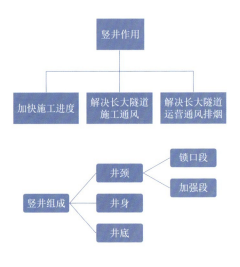

竖井作用及组成

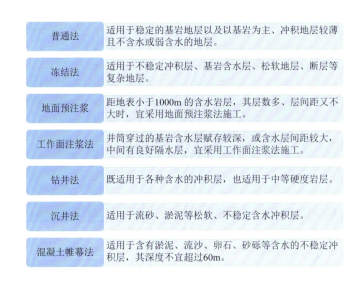

建井方法及适用条件

竖井主要施工安全风险应对措施

主要施工安全风险	应 对 措 施
井壁塌方	先护后挖,控制开挖段高
	根据地层岩性、涌水量合理选取施工方法,必要时采取超前预注浆加固围岩
	严格按照设计要求施工,及时施作初期支护、井壁衬砌
淹井	加强超前地质预测预报
	必要时采取预注浆措施减小地下水涌出
	排水设备能力配备充足
	工作面发生险情时,施工人员迅速按逃生路线撤离竖井

②提升系统的安全要求

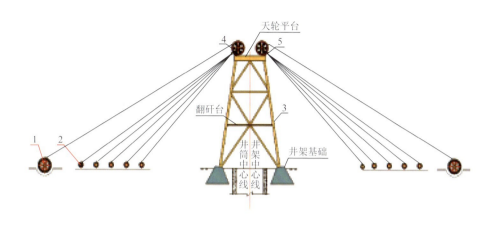

稳绞系统立面示意图
1- 提升机；2- 凿井稳车；3- 井架；4- 提升天轮；5- 悬吊天轮

说明

1. 井架、提升机、座钩式吊桶、底卸式吊桶、提升天轮的选型必须通过计算并进行专家论证。

2. 提升机必须配有正、副司机，每班不得少于2人(不包括实习期内的司机)。

3. 提升吊挂维修人员要定期对天轮、钢丝绳、座钩式吊桶进行检查、维护，确保设备的正常运转。

4. 提升运输系统的电气保护要通过计算进行调整，非专业人员严禁私自调整整定值。

5. 稳车群地基必须定期监测。

6. 每次吊盘起落后提升钢丝绳要做好吊盘位置记号，确保施工安全。

7. 暂停提升作业必须封闭井口。

竖井井架

中心回转抓岩机

提升设备操作间

稳车群及提升机房

稳车群地基变形监测

伞钻

井口封口盖

整体衬砌模板

竖井管线及人员升降

绞车

竖井提升吊桶

说明

1. 竖井井口及井架应符合下列规定：

（1）井口的锁口圈应配置井盖，只有在升降人员和物料进出时方可打开。

（2）井口应设防雨设施，通向井口的轨道应设阻车器。

（3）井口周围应设置安全栅栏和安全门，安全栅栏高度不小于1.2m。

（4）井口、井底、绞车房和工作吊盘间均应有联络信号。

（5）竖井井架天轮棚必须安装避雷针，井架脚必须安装接地线。

2. 竖井提升机械的使用应符合下列规定：

（1）提升机械安装完毕后必须经具有专业资质的检测机构验收合格方可投入使用。

（2）提升机械不得超负荷运行，并应有深度指示器和防止过卷、过速等保险装置，以及限速器和松绳信号等。

（3）工作吊盘的载重量不得超过吊盘的设计载重能力。

（4）钢丝绳和各种悬挂使用的钩、链、环、螺栓等装置应定期检查、维修和更换。

3. 吊桶升降人员和物料时遵守下列规定：

（1）吊桶必须沿钢丝绳轨道升降，保证吊桶不碰撞岩壁。

（2）提升钢丝绳应与吊桶连接牢固，不得自动脱钩。

（3）吊桶上方必须设置保护伞。

（4）不得在吊桶边缘上坐立，乘坐人员身体的任何部位不得超出桶沿。

（5）吊桶装有物料的吊桶不得乘人。

（2）斜井施工

斜井作用

斜井分类

缓坡斜井	陡坡斜井
1.坡度小于15%	1.坡度30%~47%（16°~25°）
2.一般采用无轨运输	2.一般采用有轨运输

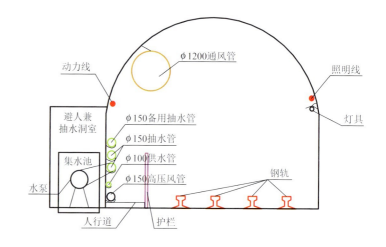

有轨运输斜井管线布置

无轨运输斜井管线布置

无轨斜井井口布置

斜井防撞墩及人工分离护栏

有轨运输斜井场地布置

斜井防淹挡板

[材质:6063-T5 铝合金材质,规格为 8000mm×1400mm（宽 × 高）]

无轨斜井管线布置及洞口限速标志

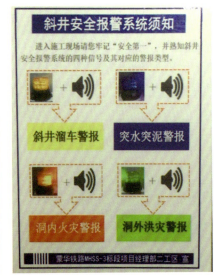

说明

1. 长大斜井应配备双电源和双管路，并保证在系统电源断电后立即切换到备用电源上。

2. 在斜井与正洞交叉口处应设专人指挥，并设置反光警示镜及限速标志。

3. 斜井无轨运输道路应符合下列规定：

（1）长及特长隧道综合纵坡不大于10%，每隔一定距离设长度不小于30m的平坡段。

（2）单车道斜井每隔一定距离应设置一处会车道。

（3）斜井内运输道路必须硬化，并采取防滑措施。

（4）斜井无轨运输车辆必须限速行驶，进洞重车不得大于8km/h，轻车不得大于15km/h；出洞爬坡不得大于20km/h。

4. 斜井无轨运输，洞内、外应设各种安全设施和警示标志，并应符合下列规定：

（1）洞外应设限高设施，并设置明显的警示标志。

（2）在洞内的集水坑、变压器、紧急避险处应设置防撞隔离栏和闪光红灯警示标志。

（3）洞内通道一侧每隔一定距离应设置一处防撞安全岛，安全岛内应设有废轮胎防撞墙。

5. 斜井采用有轨运输时，井口必须设置挡车器；斜井长度超过100m时，应在井口下20m和接近井底60m处设置第二道挡车器；长大斜井应每隔100m和接近井底时在轨道上设置防溜车装置。

6. 斜井有轨运输时井身每隔30~50m应设置躲避洞，井底停车场应设避车洞，井底附近的固定设备应设置在专用洞室内。

7. 当斜井的垂直深度超过50m时，应配备运送人员的车辆。

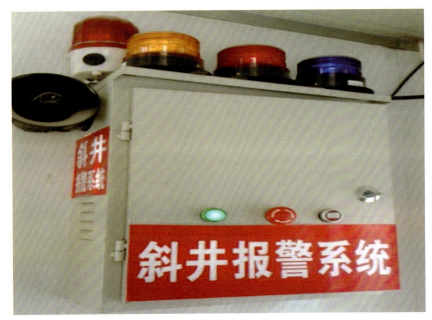

斜井安全声光报警系统

2.1.11 施工用电及照明

供电方案的确定程序

三相五线制供用线路

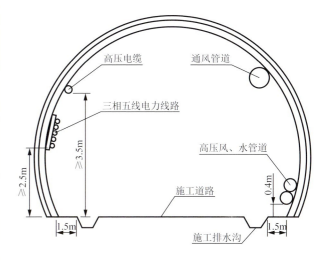

成洞段供用线路示意图1

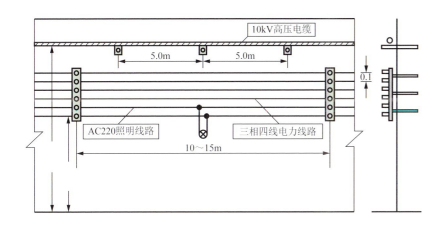

成洞段供用线路示意图2

掌子面作业台架照明

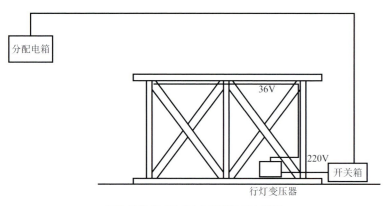

洞内各类移动作业台架照明接线布置图

自动应急灯

洞内应急系统布置

安全出口指示灯

隧道应急照明系统

洞内照明灯具布置（参考）

工作地段	照明布置
开挖面后 40m 以内作业段落	两侧采用 36V、500W 卤钨灯各 2 盏
开挖面后 40m 至二次衬砌作业区段	每隔 20m，左右侧各安设 400W 高压钠灯 1 盏
模板台车衬砌作业段	台车前台 10～15m 增设 400W 高压钠灯 1 盏，台车上亮度不足时增设 36V、300W 或 500W 卤钨灯
成洞地段	每隔 6～8m 安装一盏 50W 节能灯

LED 照明灯带

成洞段照明

说明

1. 隧道内配电线路分低压进洞和高压进洞两种。隧道在 1000m 以下，一般采用低压进洞，电压为 400V，配电变压器设在洞外；隧道在 1000m 以上采用高压进洞，以保证线路终端电压不致过低。高压进洞一般为 10kV，配电变压器设在洞内。

2. 作业地段照明电压不大于 36V，成洞和不作业地段的照明电压可用 220V；在潮湿和易触及带电体场所的照明电源电压不得大于 24V，在特别潮湿的场所，导电良好的地面工作的照明电源电压不得大于 12V，行灯的电源电压不得超过 36V。灯体与手柄应坚固、绝缘良好并耐热、耐潮湿。灯泡外面有金属防护网。

3. 照明采用高压钠灯、低压卤钨灯、钠铊铟灯、镝灯等新光源。

2.1.12 管线布置

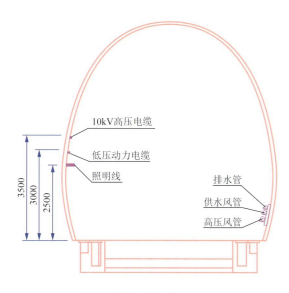

洞内管线布置示意图(尺寸单位:mm)

洞口管线布置

单线隧道洞内管线布置

双线隧道洞内管线布置

2.1.13　弃渣场挡护

弃渣场挡护布置1

弃渣场挡护布置2

弃渣场浆砌片石挡墙及排水系统

弃渣场复绿

安全注意事项

1. 弃渣场积水必须及时抽排，严禁弃渣场上游积水。

2. 弃渣场严禁私人捡拾废旧物品。

3. 排水沟必须设置安全防护栏，禁止随意靠近。

4. 在出渣车辆行走路线设置安全警示牌，防止交通事故发生。

5. 汛期需经常对弃渣场巡查，遇到特殊情况，需及时采取特殊处理措施。

6. 为保证水流能够正常流出，在弃土底部设置盲沟。

2.2 营业线及邻近既有线施工

2.2.1 营业线施工程序

1. 施工安全协议签订
- 凡施工图纸和施工组织设计已确定直接影响行车(需封锁、限制列车运行速度等)的施工项目,每处施工均要签订施工安全协议。
- 不直接影响行车的施工项目(如营业线旁边坡、侧沟、电缆沟开挖,机械运输及作业等),可分项目、区间一次性签订。
- Ⅰ、Ⅱ级施工报设备管理单位和行车组织单位主管业务处、局安监室审查,Ⅲ级施工报设备管理单位主管业务处审查、局安监室备查。维修作业报设备管理单位主管业务处备查;涉及安全监督检查和配合费的,还需报项目管理单位审查

2. 施工方案审核
- 施工方案由施工单位制订,经相关设备管理单位会签后,上报铁路局主管业务处,由主管业务处负责审查,初步确定施工等级,Ⅰ、Ⅱ级施工分别报Ⅰ、Ⅱ级施工领导小组审定,Ⅲ级施工由有关业务处共同审定。施工单位在提报施工计划前10日,应将施工设计文件提交配合单位审核或签认

3. 施工计划申报与发布
- 施工月度计划:施工单位于每月9日前将次月施工计划报铁路局主管业务处。
- 施工日计划:施工单位于施工前3日12:00前将施工计划申请报铁路局主管业务处,经主管业务处审核(盖章)后,于施工前2日9:00前向调度所施工调度室提报施工计划申请。
- 运行揭示调度命令由铁路局调度所施工调度室于施工前1日12:00前(其中0:00～4:00执行的运行揭示调度命令为前1日8:00前)发布

4. 施工计划变更及临时施工
- 月度施工计划变更:特殊情况必须施工时,由施工单位与有关单位签订安全协议,制定安全措施,按月度施工计划申报程序及以下规定时间提报:特殊情况必须进行调整时,由施工单位按原计划施工日(或变更提前后的施工日期)提前5d,按原提报程序提出书面申请。涉及LKJ基础数据变化的施工日期不得提前。
- 施工日计划变更:若当日施工结束后,计划发生变动,影响次日施工时,施工单位应及时将次日变更计划报上管业务处。
- 临时施工安排:对突发性设备故障和灾害的紧急抢修,及轨道状态超过临时补修标准处所的临时补修等临时施工,需按相关程序办理封锁要点施工

5. 正式施工和施工结束手续办理
- 施工登销记制度:凡在铁路局施工计划公布的项目,均应在《行车设备施工登记簿》[运统-46(施工)]内登记、销记。
- 正式施工手续的办理:①施工单位至少在正式施工72h前向设备管理单位提出施工计划、施工地点及影响范围。每日14:30将次日作业车的运行计划报铁路局调度所。②施工单位的施工负责人(或指定驻站联络员)必须在施工(含作业前慢行)开始前40min到达运转室(信号楼)向车站签到,并办理登记。③实际施工调度命令发布并核对确认后,驻站联络员按车站值班员指令将调度命令传达给现场施工负责人,施工负责人受令后,通过驻站联络员向车站值班员确认施工条件具备,方可进行施工作业。④驻站联络员在接到施工调度命令后共同办理签收登记。⑤施工单位若不能在规定的时间内完成施工时,应提前20min将情况及需延长的时间报告车站值班员。
- 施工结束手续的办理:施工完毕,经施工负责人与配合单位现场监控人员共同确认达到开条件后,施工单位负责人(驻站联络员)在《行车设备施工登记簿》上办理登记销点,配合单位指定人员签认

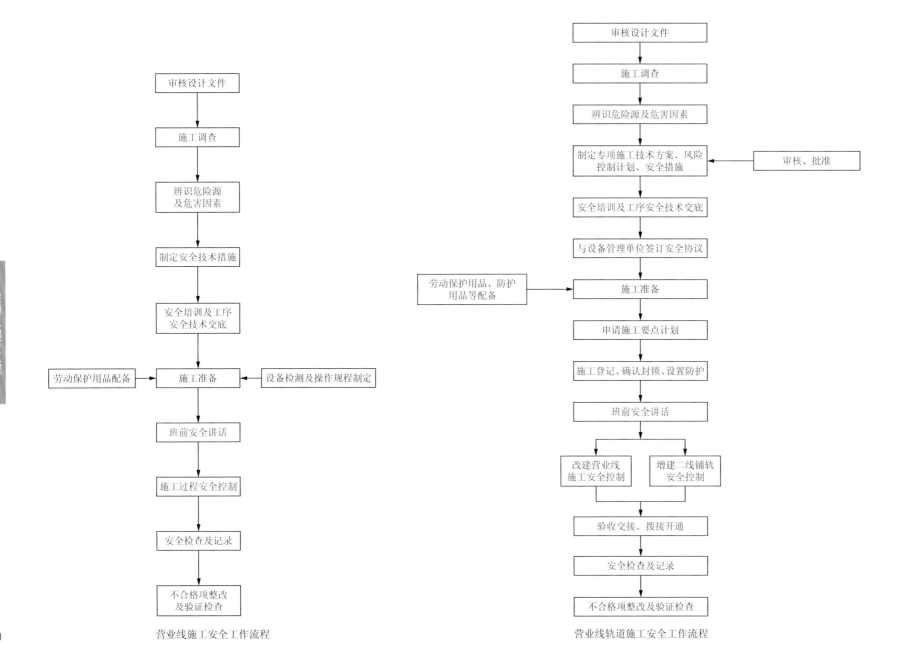

营业线施工安全工作流程　　　　　　营业线轨道施工安全工作流程

2.2.2 防护要求

适用对象	序号	具体要求
一般要求	1	施工临时行车限界不得小于机车车辆限界,每边各加150mm（曲线上再按规定加宽）,施工中搭设脚手架、堆放工程材料或机具设备等,一律不得侵入临时行车限界
	2	施工单位应派驻站联络员与车站进行联系,驻站联络员与车站应用电话及时将施工命令及列车运行情况转告工地防护人员及施工负责人
	3	驻站联络员向工地防护员发出预报、确报或变更通知等必须进行复诵,工地防护员应加强防护
	4	当发出停工命令时,施工人员应立即撤除妨碍行车的一切障碍,按规定整修好线路,迅速下道避让
	5	在自动闭塞区段施工时,应保持轨道线路绝缘良好。工具、机具等导电体不得同时按触两根钢轨及钢轨两端绝缘接头
对防护员的要求	6	防护员按各自分工负责的范围,分为驻站联络员、工地电话防护员、施工工地防护员和中间防护联络员（工地电话防护员与工地施工负责人之间传递信号的防护员）四种
	7	防护员必须经过铁路运输部门、建设管理部门或工程处一级的安全管理部门进行有关规章业务、本职工作基本技能和技术安全规则训练考试合格,并取得上岗作业合格证书方可上岗作业。禁止指派未经过安全业务培训,未取得上岗合格证的职工担任安全防护工作
	8	施工安全防护员一经派定后不得任意调换

室外防护员

施工防护信号备品表

防护备品及工具	单位	驻站联络员	工地防护员	工地两端防护员	中间联络员	备 注
红色信号旗(灯)	面		1	1	1	灯根据需要设置
黄色信号旗(灯)	面		1	1	1	灯根据需要设置
响墩	个			3/6（一端）		根据需要设置
火炬	支		1/2			根据需要设置
移动停车信号牌	块		2/4	1/2	1/2	根据需要设置
移动减速信号牌	块			1/2（每端）		根据需要设置
移动减速地点标	块		2/4			根据需要设置
作业标	块			2/4		根据需要设置
带"T"字移动减速信号牌	块			1/2		根据需要设置
对讲机(电话)	台	1	1	1	1	
短路铜线(自动闭塞区段)	根		1/2			
喇叭(号角)	个		1	1	1	
通话记录本	本	1	1		1	
笔	支	1	1		1	
上岗证、臂章	副	1	1	1	1	

2.2.3 主要防护信号及防护方法

(1)停车信号

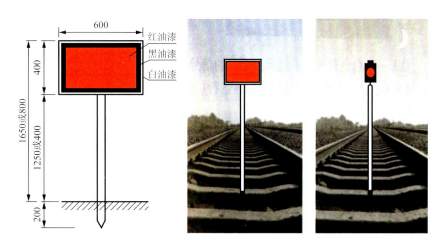

停车信号牌(尺寸单位:mm)

说明

作用:停车信号,昼间——红色方牌;夜间——柱上红色灯光要求列车停车。

防护条件:在单线、双线区间、站内线路、道岔封锁施工作业。

防护办法:昼间——红色方牌;夜间——柱上红色灯光。

停车信号牌设在施工地点的两端各20m处线路中心,高度采用1.85m,而在站内线路上使用时,高度采用1m。

(2)减速信号(简化、图片+文字说明)

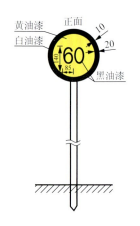  

减速信号牌(尺寸单位:cm)

说明

作用:减速信号,要求列车降低到要求的速度。

防护条件:在单线、双线区间、站内线路、道岔进行施工,需要减速地点的施工作业。

防护条件:昼间——黄色圆牌;夜间——柱上黄色灯光。

减速信号牌应标明每小时限速公里数;设在线路两侧路肩上,距离钢轨外侧不少于2m。

施工及其限速区段在原减速信号牌前方按不同速度等级的制动距离增设特快旅客列车减速信号牌,昼间与夜间均为黄底黑字"T"圆牌。

（3）减速地点标

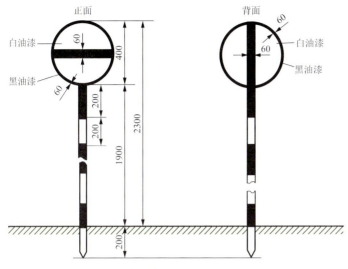

减速地点标（尺寸单位：mm）

说明

作用：司机看见减速地点标后，要按规定速度运行。

防护条件：在线路施工需要慢行地段。

防护办法：设在需要减速地点的两端各20m处。正面表示列车应按规定限速通过地段的始点，背面表示列车应按规定限速通过地段的终点，设在钢轨外侧不少于2m距离。

（4）减速防护地段终端信号牌

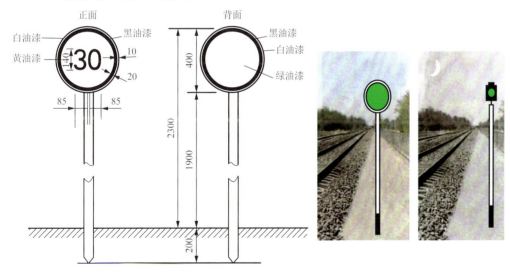

减速防护地段终端信号牌（尺寸单位：mm）

说明

作用：要求按规定速度运行。

防护条件：在单线、双线区间、站内线、道岔进行施工，减速慢行信号牌背面的一种信号。

防护办法：昼间——绿色圆牌；夜间——柱上绿色灯光。在单线区段，司机在昼间应观察线路右侧减速信号牌背面的绿色圆牌，在夜间应观察柱上的绿色灯光，按规定速度运行。

车应按规定限速通过地段的终点。

（5）作业标

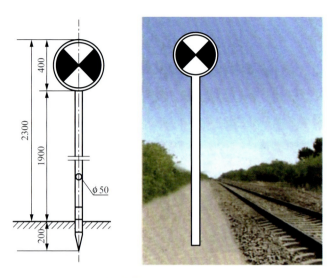

作业标（尺寸单位：mm）

说明

作用：设在施工线路及其邻线距施工地点两端500～1000m处，司机见此标志须提高警惕，长声鸣笛。

防护条件：

（1）在区间单线线路上进行不需要停车和减速信号防护的一般施工作业；

（2）在区间双线线路一条线路上进行不需要停车和减速信号防护的一般施工作业；

（3）在区间双线线路一条线路上进行停车或减速信号防护。

2.2.4 安全保护区

安全保护区标识牌

1. 安全保护区范围

铁路线路安全保护区，从铁路线路路堤坡脚，路天堑坡顶或桥梁外侧起算：

（1）城市市区≥8m；

（2）城市郊区居民居住区≥10m；

（3）村镇居民居住区≥12m；

（4）其他地区≥15m。

2. 铁路线路安全保护区内行为的限制

铁路线路安全保护区内有以下8种行为被禁止：

①建造建筑物，构筑物；②取土，挖沙，挖沟；③铁路下采空作业；④堆放、悬挂物品；⑤种植影响铁路线路安全和行车瞭望的树木及其他植物；⑥烧荒；⑦放养牲畜；⑧排污，排水，倾倒垃圾及其他有害物质。

2.2.5 隧道内的安全防护

作业台架安全防护（台架系安全缆绳）

对人梯的防护（系安全绳）

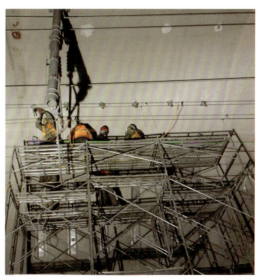

对接触网的防护（包裹保护）

2.3 盾构隧道

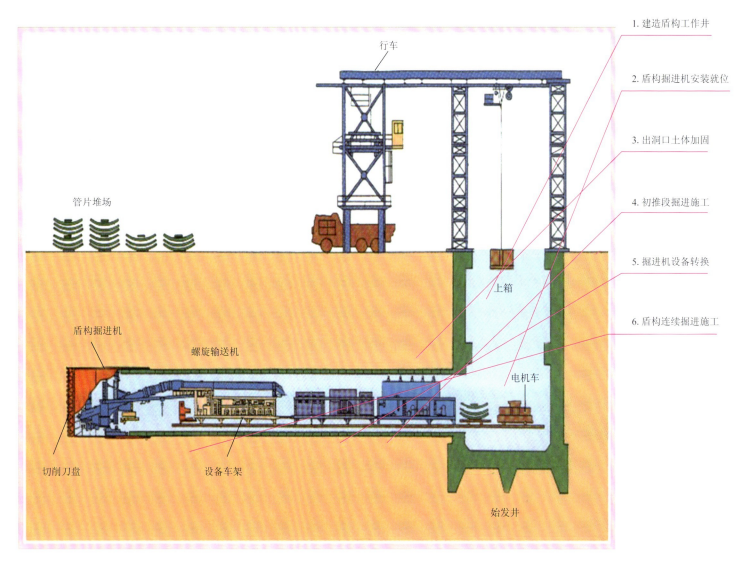

盾构法主要施工程序

2.3.1 盾构隧道主要安全风险

人为因素
- 大型起重机械未验收
- 操作人员无证上岗
- 作业人员不使用劳动保护用品
- 起重指挥人员违章指挥
- 人员随意在调息走动
- 工作井的临边随意堆放零星材料
- 施工人员规规作业

机械设备因素
- 盾构机械选型与制造不当
- 泥浆泵及管路磨损、堵塞
- 主轴承磨损、断裂，密封件防水失效
- 盾尾密封磨损
- 刀具更换装置失效

环境因素
- 工作面出现障碍物
- 工作面出现流沙
- 工作面前方出现地层空洞
- 掘进过程中遇到沼气、甲烷等可燃气体
- 河床突然变化
- 承压水引起突然涌水回灌
- 地下不明管线意外破裂
- 地面沉降对周围建筑物及景观的影响

原材料因素
- 管片强度、精度、抗渗漏级别不够
- 螺栓的强度、弯压不合格
- 螺栓的强度、弯压不合格

施工技术因素
- 盾构出洞前方地基处理不当、失效
- 盾构基座发生变形
- 凿除封门涌土
- 盾构姿态突变
- 轴线偏离设计
- 压力不平衡，导致地面隆起或者沉降过大
- 注浆效果不佳，引起地面和隧道的沉降
- 管片拼装不合格导致管片破损，影响结构强度
- 联络通道施工不当引起的安全一路攀升(冷冻法、顶管法)

第 2 章 隧道工程

2.3.2 盾构机选型

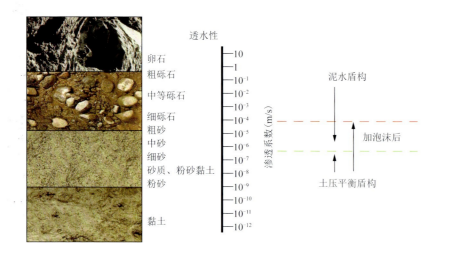

盾构选型依据—透水性

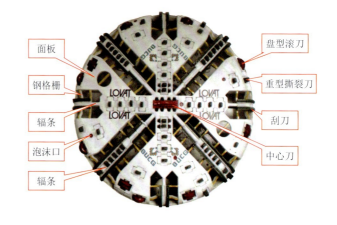

面板式刀盘

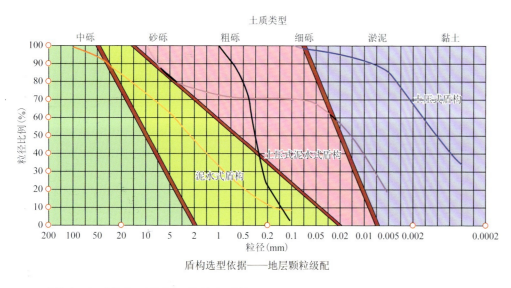

盾构选型依据——地层颗粒级配

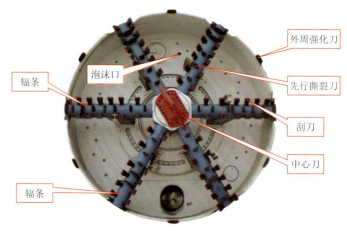

辐条式刀盘

盾构机选型的主要依据：隧道地质情况、工程要求、环境保护要求、经济比较、地面施工场地大小等。

(1) 滚刀

盘形滚刀　　　　　　盘形滚刀圈

(2) 切削刀

周边刮刀

三棱刮刀

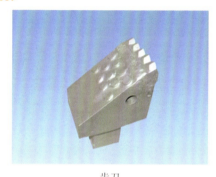

齿刀

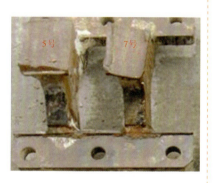

(3) 先行刀

先行刀

说明

刀具的布置方式需要充分考虑工程地质情况，进行针对性设计，不同的工程地质特点，采用不同的刀具配置方案，以获得良好的切削效果和掘进速度。

2.3.3 盾构机吊装

刀盘吊装

中盾吊装

设备桥吊装

后配套拖车吊装

作业要点

1. 持构吊装作业应按《危险性较大的分部分项工程安全管理办法》（建质〔2009〕87号文）的要求编制专项方案并完成审批。

2. 吊装作业时应明确指挥人员，指挥人员应佩戴明显的标志，应佩戴安全帽。

3. 起重吊装工作必须规定统一的联络信号，统一指挥。

4. 正式起吊前应进行试吊，试吊中检查全部机具、地锚受力情况，发现问题应将工件放回地面，排除故障后重新试吊，确认一切正常，方可正式吊装。

5. 吊装作业中，夜间应有足够的照明。室外作业遇到大雪、暴雨、大雾及6级以上大风时，应停止作业。

6. 吊装过程中，出现故障，应立即向指挥者报告，没有指挥令，任何人不得擅自离开岗位。

7. 起吊重物就位前，不许解开吊装索具。

8. 利用两台或多台起重机械吊运同一重物时，升降、运行应保持同步；各台起重机械所承受地载荷不得超过各自额定起重能力的80%。

9. 盾构机组装和拆卸时动火作业区必须配备足够的消防器材，并且将易燃易爆物质移开至安全有效距离，以免发生火灾或者爆炸的危险。

10. 交流电焊机必须具备有效的二次侧降压漏电保护器。

2.3.4 端头加固

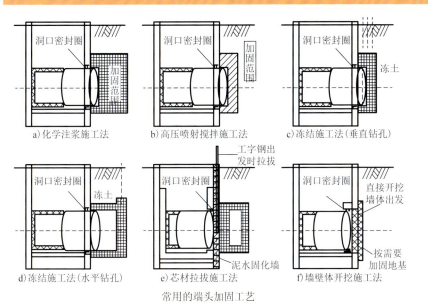

a) 化学注浆施工法　　b) 高压喷射搅拌施工法　　c) 冻结施工法（垂直钻孔）

d) 冻结施工法（水平钻孔）　　e) 芯材拉拔施工法　　f) 墙壁体开挖施工法

常用的端头加固工艺

袖阀管加固

三轴搅拌桩加固

高压旋喷桩

水平冻结

垂直冻结

安全施工要点

1. 调查清楚加固地范围地下各种障碍物的情况，对附近的建筑物和管线做好保护措施。

2. 人与设备喷嘴距离应不小于600mm，防止喷出浆液伤人。

3. 施工中途发生故障，必须卸压后方可拆除连接接口，不得高压下拆除连接接口。

4. 盾构始发前须对加固效果进行检查。

2.3.5　垂直运输及水平运输

（1）垂直运输

龙门吊的安装及使用要求见 1.7.5 节。

管片区龙门吊

出渣区龙门吊

龙门吊吊运渣土

安全注意事项

1. 开车前认真检查设备机械、电气部分和防护险装置是否完好、可靠。控制器、制动器、限位器、电铃、紧急开关等主要附件失灵，严禁吊运。
2. 必须听从挂钩起重人员指挥，但对任何人发出的紧急停车信号，都应立即停车。
3. 当接近限位器，大小车临近终端速度要缓慢。不准用倒车代替制动、严禁吊物在人头上越过。不准从行车上跨越。
4. 应在规定的安全走道、专用站台或扶梯上行走和上下。大车轨道两侧除检修外不准行走。小车轨道上严禁行走。不准从行车上跨越。
5. 工作停歇时，不得将起重物悬在空中停留。运行中，地面有人或落放吊件时应发出警告。
6. 检修行车应停靠在安全地点，切断电源挂上"禁止合闸"的警示牌。地面要设围梯栏，并挂"禁止通行"的标志。
7. 重吨位物件起吊时，应先稍离地试吊，确认吊挂职平稳，制动良好，然后升高，缓慢运行。
8. 运行中发生突然停电，必须将开关放置关闭状态。起吊件未放下或索具未脱钩，不准离开行车操作岗位。
9. 夜间作业应有充足的照明。
10. 龙门吊安全本规程执行，行驶时注意轨道上有无障碍物；吊运高大物铁皮妨碍视线时，两旁应设专人监视和指挥。

（2）水平运输

列车编组

列车安全标识

检查制动系统

车灯、鸣号、警示和车辆连接装置

特殊路段的限速标志

安全控制要点

1. 操作人员必须经过培训方可上岗。

2. 操作前需检查各机械、电气连接情况。

3. 驾驶运输车辆必须严格按照操作规程驾驶，在特殊路段禁止超速，需鸣笛示意。

4. 开车前应发出开车信号，机车在行驶途中，不允许将头和身体伸出车外，司机离开座位时应切断电源。

5. 交接班前应认真清扫车上的灰尘和污泥，保持各部件整齐清洁，认真填写记录。

6. 司机离开机车时，必须将手刹扳到制动位置，控制手柄位于零挡位置，长期离开还应关闭电源。

电瓶车洞口阻车器

电瓶车拖车阻车器

防溜车要点：
①应设置专门的养护班组负责轨道维护，尤其是加强弯道处的检查，确保轨距在误差范围内以及轨道表面的清洁。
②在洞口及盾构机尾部设置阻车器，机车离开后即关闭阻车器。

2.3.6　洞内管线布置及充电房

土压平衡盾构隧道管线布置图

泥水平衡盾构隧道管线布置图

充电设备及电池组

说明

1. 隧道内高压电缆原则上应与人行通道相对布置，如因条件所限，需设置在人行通道一侧时，其设置高度应高于行人的触摸点。在隧道沿线每间隔3环用挂钩挂起，挂钩要用绝缘塑料包裹。电缆布置在挂钩上要保持高度一致，弧度适中。高压电缆每间隔10m需悬挂警示牌。

2. 盾构施工现场应修建充电房，充电房采用砖块砌墙，大小根据项目使用设备情况而定，应保证其有足够的活动空间、通风良好。

2.3.7 管片存放

管片场地布置

管片防水材料安设棚

安全控制要点

1. 管片堆放场地地坪必须坚实、平稳,有条件应设混凝土场地,如有困难,应平整夯实,符合承载条件。

2. 管片涂料制作堆放的安全通道横向大于90cm,纵向大于100cm,安全通道内不得堆放杂物,保持畅通。

3. 管片堆放采用道木垫块,道木质地可靠;管片储存确放高度不超过四层,呈宝塔形,层间垫木必须结实可靠,以防损伤和腐蚀。

4. 管片堆放,场地四周必须有隔离措施。

管片卸车

管片底部木垫块

管片标识牌

2.3.8 盾构始发/到达

(1)反力架、始发台/接收台安装

反力架吊装

反力架安装1

反力架安装2

盾构始发台

盾构接收台

安全控制要点

1. 盾构始发/到达的始发反力架个接收基座焊接均要符合规范要求。

2. 始发掘进过程中发生异常涌水、涌沙,应立即进行补注双液浆止水,减少地层水土流失,合理调整掘进参数。

3. 盾构到达施工需密切关注洞门和地面有无裂缝、松动,同时加强监控量测,遵循"低推力、低刀盘转速,减小扰动"的原则;始发总推力不得大于设计验算推力。

4. 始发和到达贯通时接收基座、反力架两侧由经验丰富的技术人员对结构进行巡视。

（2）洞门密封及洞门凿除

洞门折页压板

止水帘布橡胶板

洞门凿除作业台架

割除洞口钢筋

取芯检测加固效果

安全控制要点

1. 洞门凿除前要进行取样，观察分析样品，确保洞门打开后土体的安全；开洞门时，要先剥落内侧约 50cm 厚，剩余 30cm 厚的混凝土，要从上而下分块凿除，钢筋割断后，凿几个较大的孔，观察内部土体的情况，一旦土体不稳定，且有流沙情况，立即封堵，并在井外采取注浆或旋喷，确定加固土体的稳定性和止水性，方可分块拆除吊离洞门混凝土，混凝土吊离后，迅速将盾构机推进，及时靠到临空土体上。

2. 洞门凿除时间安排在盾构机主机组装完成后进行，减少洞门凿除后掌支面的暴露时间。

3. 盾构机及时顶向掌支面，降低施工安全风险。

（3）套筒始发及接收

小套筒始发装置吊装

小套筒始发装置正面

小套筒始发装置侧面

小套筒帘布橡胶板细部

套筒始发

套筒接收

套筒上结构图

套筒下部结构图

套筒后端盖

安全控制要点

1. 钢套筒始发或接收适用于端头加固场地受限或加固效果不佳条件下的始发或接收。

2. 套筒分节分段进行组装,要确保每管钢筒件之间密封圈的质量。

3. 对钢套筒的两侧进行加固,防止在施工过程中发生移位等安全隐患。

4. 要对钢套筒进行密封试验,确保密封性、无泄漏,方能正式进行掘进。

5. 通过观察孔观察盾尾注浆情况,观察孔内有无水流出,出现异常及时进行加固处理。

6. 盾构出洞前,安装完钢套筒后,同样需要进行保压试验,注入高压空气等,进行保压,确保压力值在一定时间范围内稳定,方可进行出洞作业。

(4) 土中接收、箱体接收

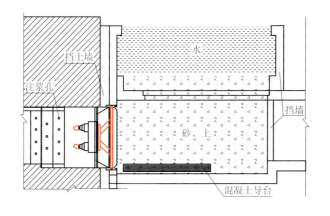

盾构土中接收示意图

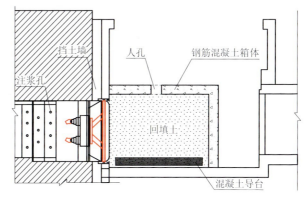

盾构箱体接收示意图

(5) 负环管片安装、拆除

a) 负环管片安装

b) 负环支撑块加设

负环管片拼装（整环）

说明

1. 土中接收在洞门凿除完成后进行填土（围护结构采用玻璃纤维筋时除外）。

2. 箱体接收常用于富含承压水地层且埋深较大的土压平衡盾构机到达接收。

3. 为防止盾构机低头，需凿除的洞门圈底部回填一定高度的中砂。

安全控制要点

1. 负环管片在盾壳内的正常安装位置进行拼装，第一环负环顶部管片安装时，应在顶部焊接"L"形吊耳固定管片。

2. 整环管片拼装完成后，控制好各组油缸压力，将负环上下均步顶到反力架，防止管片损坏严重及倾倒。

3. 当每环管片拖出盾尾为防止管片下沉及变形，及时用木楔子或钢楔子支垫管片与始发台及支撑三脚架之间的间隙，防治管片下沉。

4. 负环管片拆除前，首先安装穿心螺栓，门吊利用穿心螺栓、钢丝绳将管片封顶块拉住，使钢丝绳处于微绷紧状态，然后拆除封顶块与邻接块连接螺栓；门吊提升管片前必须保留环向、纵向管片螺栓各1颗。

负环管片拼装　　　　　　　　　　　　　　　负环管片拆除

(6)盾构机调试

盾构机调试主要项目

序 号	验 收 项 目	验 收 要 求
1	刀盘转速	正转和反转满足要求
2	超挖刀	数量和行程满足要求
3	推进千斤顶	数量、行程、油压、伸缩时间满足要求
4	螺旋输送机	转速、油压、闸门开关满足要求
5	管片拼装机	回转角度和速度满足要求
6	注浆系统	满足正常使用(用水替代)
7	盾尾油脂	满足正常使用
8	皮带机	启动和停止正常,满足正常使用
9	泡沫系统	喷出正常
10	电气系统	仪器仪表显示、漏电开关保护、警报系统等能正常使用

2.3.9 试掘进

(1)试掘进前条件验收

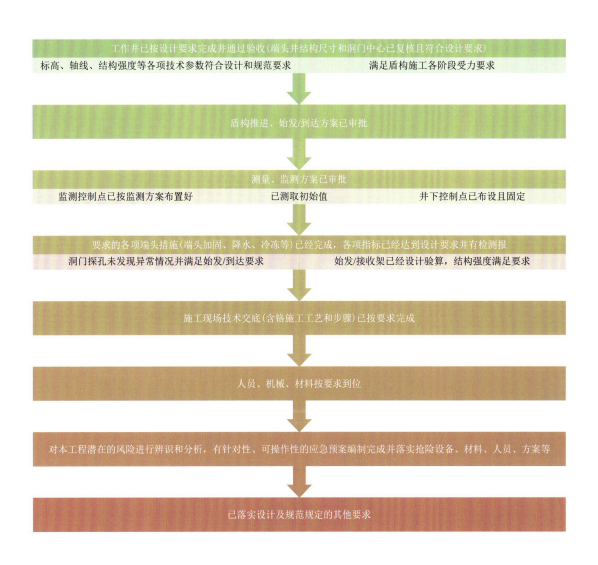

（2）试掘进

三环试拼装

管片检漏试验

管片抗弯试验

主司机操作

管片拼装

安全控制要点

1. 采取小推力、低扭矩始发掘进。刀盘进入洞门前，在边缘刀具和橡胶密封圈上涂抹油脂，避免损坏洞门密封装置。

2. 对脱出盾尾的负环管片应及时进行加固，以保证在传递推力过程中管片不浮动及下沉变位。最初的管片安装保持良好的真圆度。

3. 初始掘进过程中必须加强地面沉降监测并及时分析，不断调整盾构掘进施工参数。

2.3.10 盾构穿越建构筑物

(1) 穿越建筑物

穿越建构筑物前详细调查范围内的建筑物现状　　对建构筑物进行安全鉴定　　穿越建构筑物埋设变形监测点

进行变形监测　　施工现场准备应急物资材料

安全控制要点

1. 加强施工管理和机械保养,保证"安全、连续、快速"通过。

2. 及时反馈监测数据,指导施工,发现地表沉降异常,地面建筑物 24h 巡视,立即采取跟踪注浆等加固措施。

3. 确保同步注浆质量和数量。防止地层变形、提高结构的抗渗性、改善结构受力情况(在不均衡地层中)等,确保管片围岩间隙及时充填密实,减少影响。

4. 准备好应急注浆、材料、围蔽等物资,必要时通过注浆加固地基,控制沉降。

5. 后期持续监控量测,判断建构筑物安全。

（2）上穿、下穿既有隧道

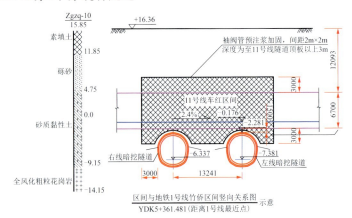

隧道上穿既有线隧道示意（尺寸单位：mm）

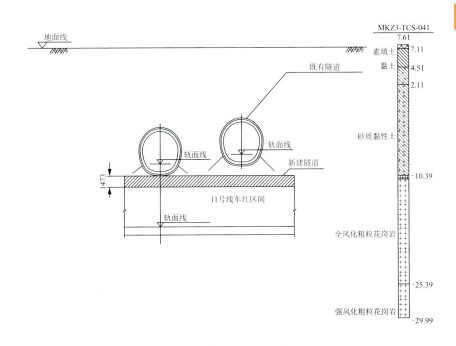

隧道下穿既有线隧道示意

盾尾二次跟踪注浆

安全控制要点

1. 上穿前联合业主、运营公司等完成既环境调查、备案等工作。

2. 采取地面注浆加固等措施，提高抗渗和承载能力；加固时要避开既有线隧道正上方，同时安排经验丰富的技术管理人员对每个钻孔的深度进行复核，保证既有线安全。

3. 加强施工管理和机械保养，保证"安全、连续、快速"通过。

4. 信息化指导施工，加强监测数据，指导施工，发现地表沉降异常，立即采取跟踪注浆等加固措施。

5. 确保同步注浆质量和数量，保证管片围岩间隙及时充填密实。

6. 同步进行盾尾二次跟踪注浆，通过地面监测数据控制注浆量。

7. 加强地面和既有隧道内的值班，发现异常及时按照程序上报。

8. 做好应急预案并确保应急物资等筹备到位。

9. 加强通过既有线后的监测管理工作，在盾尾通过既有线后监测直至稳定后，方可按照正常监测频率进行监测。

2.3.11 盾构过站

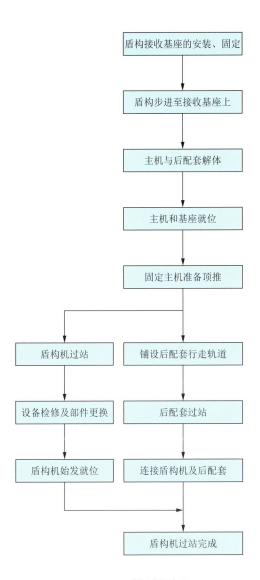

盾构过站流程

盾构上接收台

盾构主机顶推过站

连接主机及后配套

2.3.12 联络通道施工

(1)常用施工及加固方法

一般采用矿山法施工,根据周边环境及地质条件情况采用不同的辅助工法。

(2)关键控制环节

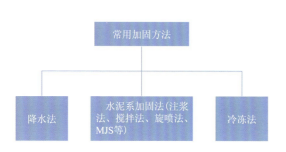

地表注浆加固

洞内临时加固1

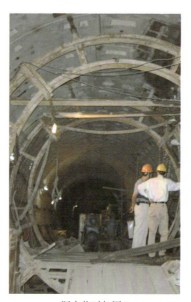

洞内临时加固2

洞内临时加固3

冷冻法加固

联络通道处采用钢管片

联络通道地表冷冻加固

联络通道开挖

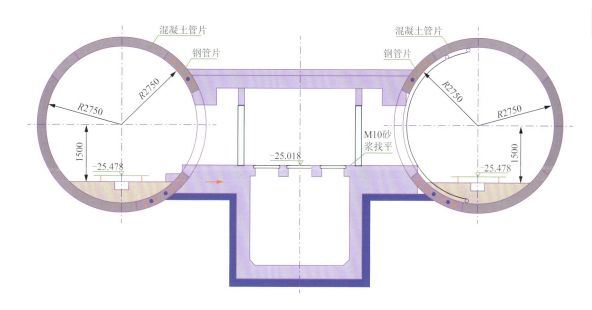
联络通道与泵房合建简图(尺寸单位：cm)

安全控制要点

1. 地质条件较差时，尽量提前对联络通道处进行地表加固，不具备条件时采取洞内超前加固或采取冷冻法加固。

2. 提前埋设监测点，及时取得初始值，并对测点加以保护。

3. 地质条件差开挖洞口平坡进洞，严格遵守反挑开挖洞口拱顶管片后土体。

4. 联络通道与废水泵房同时施工时应首先完成正常段初期支护，稳定后再进行泵房的开挖。

5. 严格遵循"管超前、严注浆、短开挖、强支护、快封闭、勤量测"十八字方针。

2.3.13 盾构穿越不良地质段

(1) 穿越上软下硬地层

刀具损坏

刀具偏磨

刀轴磨损变形

风险
- 掘进速度慢，超挖难控制
- 喷涌，出土量难控制
- 刀具磨损异常
- 盾构姿态难控制
- 带压作业风险极大

对策
- 采用小推力、低转速模式掘进
- 掘进参数异常时及时分析调整
- 严格控制顶压，建立动态平衡
- 转动螺旋输送机，排出底部渣石
- 刀具选用配置合理，减少开仓频率
- 带压作业严格按技术交底进行，做好应急准备

（2）穿越砂层

砂层施工渣样

高分子聚合物（用水稀释后）

改良前的渣土状态

风险　　　　　　　　　　对策

做好盾尾密封

做好同步注浆和二次注浆

地面沉降难以控制，易造成塌方、建(构)筑物损坏

合理选择掘进参数，严控出渣量

易形成喷涌，导致地面塌方、建(构)筑物损坏

利用高分子聚合物、膨润土等进行渣土改良

改良后的渣土状态

（3）穿越卵石层

卵石地层

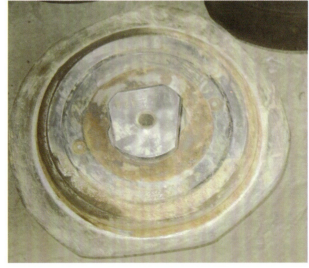
滚刀磨损

齿刀合金齿脱落

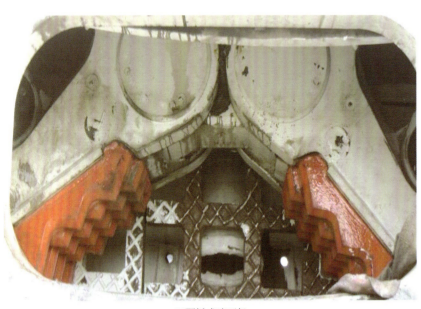
双颚板式碎石机

风险

刀盘、刀具、渣土输送系统等磨损严重，换刀频繁

换刀时停机处易出现坍塌

掘进地面沉降量和沉降速率难以控制

对策

配置滚刀并增加耐磨层

提高盾构机防水密封性

尽量采取地面加固，若需带压开仓换刀，制备优质泥膜实现土仓保压

采用具有防喷涌功能的可控两级螺旋输送机出渣系统，加强结合渣土改良

（4）穿越高黏土地层

刀盘结泥饼和刀具偏磨、损坏

泥饼将滚刀糊死

风险	对策
刀盘易结泥饼，刀具不能自转，导致刀具的偏磨，扭矩增大，损坏刀具	尝试保气压半仓掘进，减小盾构机掘进负荷，提高掘进速度
设备负荷增大，各部件易损坏	土仓加装高压水路，防止泥饼生成
	调节发泡率，提高渣土改良效果
	设置冲洗装置

（5）盾构穿越江河湖海

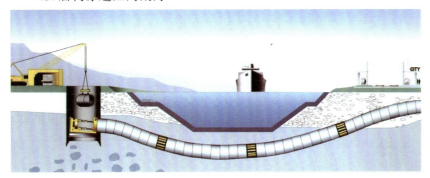

盾构穿越河流示意图

风险	对策
冒顶通透水流	严格控制出渣量，避免冒顶事故
	尽量连续、快速地通过河流
流砂、管涌	加强盾构姿态的测量和地面的监控测量
	加强渣土改良，防止涌沙、突水现象发生
隧道上浮	增大地对盾尾密封注入油脂，防止盾尾漏水
	做好同步注浆及二次注浆

2.3.14 盾构空推

矿山法隧道内的盾构机导台

在导台上推进的盾构机

风险	对策
管片上浮	刀盘前方的监测、指挥人员与盾构主司机要紧密配合，控制好盾构姿态和油缸行程、推力
止水条无法压紧	
管片背后填充不密实	对管片螺栓进行两次复紧，保证紧固
盾构机翻转	人工根据现场情况调整同步注浆和二次注浆流量、速度、压力，保证充填密实
盾构机上抬	

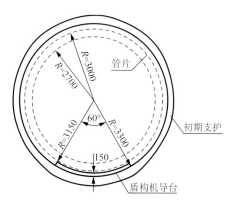

空推段导台施工示意图（尺寸单位：cm）

2.3.15 盾构开仓

(1) 一般要求

编制开仓专项方案并按程序论证、审批 → 开仓作业时对土仓持续通风 → 作业人员应体检合格 → 做好地面沉降、工作面的稳定性、地下水量及盾构姿态的检测和反馈 → 进行开仓作业时严禁进行危及仓内作业人员安全的操作 → 仓内应设置临时的上下通道，并保证进出开挖仓的通道畅通 → 撤离土仓前确认工具全部带出

(2) 常压开仓

气体检测

土仓内气割作业

掌子面检查

吊运刀具

常压开仓程序

（3）带压开仓

操仓作业

仓外视频监控

24V 照明灯

仓内带压作业

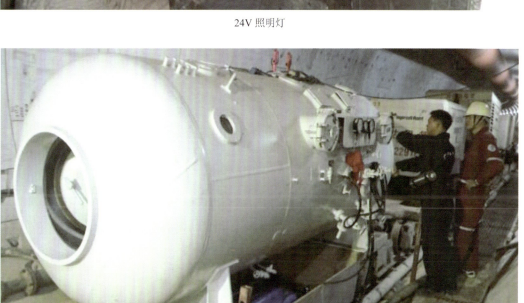

带压进仓应急氧仓、空压机、发电机等应急物资

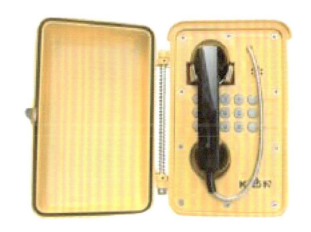

应急电话

带压开仓人员配置数量及职责

序号	岗位	职责	配置人数
1	气压作业主管	负责总体管理现场气压作业	1
2	操仓员	对人闸进行气密性试验；能准确按照医护人员制定的减压方案对进仓作业人员进行加、减压，熟悉人闸及仓内设施的性能	1~2
3	进仓作业人员	应完成专门高压工作训练；执行气压作业主管的指令；建立工作日志；保证其中1人为专职观察员	≥2
4	医护人员	负责医学适应性评估，一旦带压进仓人员出现紧急状况，能够进行全方位的医疗救助	1

盾构机内空气质量要求

序号	环境气体	含量
1	一氧化碳	不大于10ppm
2	二氧化碳	不大于500ppm
3	甲烷	不大于1000ppm
4	硫化氢	不大于10ppm
5	氧气	19%~22%

安全控制要点

1. 进仓作业前，应制订详细的作业指导书，并对所有参与人员进行书面、现场交底。
2. 人闸内的加压速度宜控制在0.05~0.1MPa/min。
3. 在升压过程中，进仓人员若发现身体不适，应立即通知操仓员停止加压，若身体仍然不适，则应启用减压、出仓程序。
4. 在确认人闸内压力达到工作压力后，进仓人员应再次确认人闸与开挖仓连接门的安全性，才能进入开挖仓。
5. 人闸与开挖仓的连接门必须保持开启。
6. 人闸内工作压力波动不应超过±0.05MPa。
7. 应采用气体检测仪定期对开挖仓空气质量进行检测，做好检测结果记录。
8. 人员出仓前分段减压，并严格按方案执行。

2.4 顶管隧道

2.4.1 工艺流程

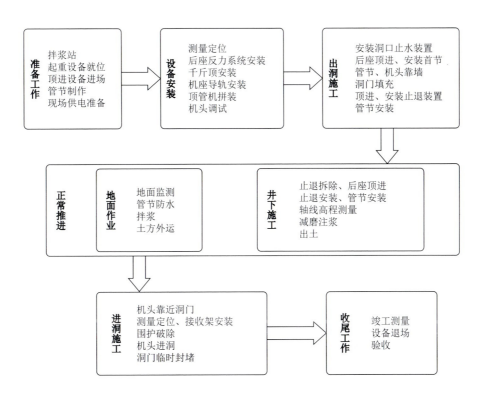

2.4.2　端头加固及钢环安装

端头加固效果

洞门钢环安装

洞门密封施工

安全控制要点

1. 顶管始发井、接收井端头宜采用搅拌桩+旋喷桩方式进行端头加固,加固长度5～8m,加固前,对施工区域内的管线进行详细调查,确认相关信息后,制定保护措施并严格执行。

2. 注浆前先冲洗管内沉积物,由下至上顺序进行。单孔注浆压力达到1.0～1.5MPa后,持续注浆10min且进浆速度为开始进浆速度的1/4或进浆量达到设计进浆量的80%及以上时注浆方可结束。

3. 喷射时,要做好压力、流量和冒浆量的量测工作。及时了解土层的变化、喷射注浆的大致效果和喷射参数是否合理。单管法冒浆量小于注浆量的20%为正常。

4. 人与设备喷嘴距离应不小于600mm,防止喷出浆液伤人。

5. 施工中途发生故障,必须卸压后方可拆除连接接口,不得高压下拆除连接接口。

6. 洞口密封采用折叶式密封压板+帘布橡胶板,必要时采取两道。

2.4.3 顶管机拼装

壳体吊装1

壳体吊装2

后壳体安装

主顶油缸安装

油缸架安装

安全控制要点

1. 顶管机采用分体设计，组装顺序为：前下壳体、前上壳体、后下壳体、后上壳体、螺旋输送机、刀盘。

2. 组装前应对始发基座进行精确定位。

3. 大件组装时应对始发井端头墙进行监测，掌握其变形与受力状态。

2.4.4 顶管机始发及接收

顶管机始发

顶管机接收

顶管机解体、转场

安全控制要点

1. 始发基座、后靠背定位时，要严格控制安装精度，确保土压平衡矩形顶管始发的轴线与设计线路重合。

2. 始发前在基座轨道上涂抹油脂，减少推进阻力，在刀头和帘布橡胶板上涂抹油脂，避免推进时刀头损坏洞门帘布橡胶板。

3. 始发推进时采取低推力、低速度向前推进，尽量减少对加固体和土体的扰动。

4. 始发基座上向前推进时，通过控制推进油缸行程和加配重等方式使顶管基本沿始发基座向前推进。

5. 穿越加固区的顶进速度控制在 5～10mm/min，匀速推进。

6. 顶管到达时要低推力、低转速，尽可能多出土，晚破坏掌子面；掌子面破坏后要快速推出，防止漏泥漏水。

2.4.5 顶管掘进

顶进施工

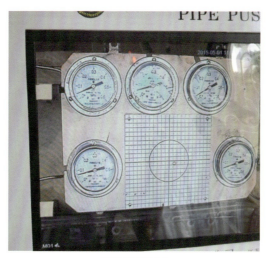
顶进压力控制

管节吊装

顶进出土

管内布置

安全控制要点

1. 顶进过程注意控制出土量、管片姿态、道路沉降、减阻，同时做好施工记录。

2. 当发现推力、刀盘扭矩、推进速度等参数异常时，立即停机检查，分析原因。

3. 在顶进时应对顶进速度作不断调整，找出顶进速度、正面土压力、出土量的最佳匹配值，保证顶管的顶进质量。

第 3 章

基坑 / 明挖工程

3.1　围护结构

3.1.1　围护结构的主要类型和适用条件

序号	围护类型	适用条件	主要安全风险	备注
1	放坡	1. 硬质、可塑性黏土和砂性土； 2. 开挖深度不太大（一般不超过12m）； 3. 场地足够开阔或周围建筑物对沉降要求不高； 4. 开挖范围内无地下管线或已采取保护措施	1. 边坡渗漏、滑移及滑移引起的地表开裂、坍塌； 2. 坡脚浸泡造成边坡破坏、失稳； 3. 周边堆载过大造成边坡失稳	1. 各种支护类型常综合采用，如放坡面可采取网喷、网、锚喷，排桩外侧设搅拌桩、旋喷桩等。 2. 各种类型基坑支护也常结合基坑降水和止水措施
2	桩（墙）+内支撑	1. 城市场地狭小，建筑物密集区域； 2. 开挖深度较大（一般可超过12m，其中SMW工法桩、钢板桩适用深度较小宜不大于14m）； 3. 周围建筑物或管线对沉降要求较高； 4. 适用于各类地层，尤其对软弱地层、地下水丰富地层及围护结构兼作隔水作用场合； 5. 地下连续墙兼作地下室外墙	1. 围护结构施工中出现管线破坏； 2. 基底隆起； 3. 基坑渗漏、涌水涌砂； 4. 基坑变形引起的地表开裂、建、构筑物及管线破坏； 5. 支撑架设不及时造成基坑失稳； 6. 盲目开挖造成围护结构失稳； 7. 支撑抗剪力不足造成基坑失稳； 8. 支撑防坠措施不到位及外力破坏导致支撑坠落，基坑失稳； 9. 周边堆载过大造成基坑失稳； 10. 钢筋笼、钢支撑起重吊装事故	
3	桩（墙）+拉锚	1. 地质条件较好（非有机质土、液限小于50%的黏土层，相对密度大于0.3的砂性土）； 2. 基坑内作业空间要求高、不适合采取内支撑； 3. 对基坑变形及地表承载力要求介于放坡基坑和内支撑的基坑工程之间	1. 锚索（杆）锚固力不足或失效； 2. 锚索（杆）施工破坏相邻场地内设施； 3. 周边堆载过大造成基坑失稳； 4. 钢筋笼起重吊装事故	

3.1.2 放坡施工

网锚喷坡面防护

网锚喷坡面防护+局部内支撑

网锚喷坡护坡施工

安全控制要点

1. 严格按施工方案确定的开挖放坡坡度及坡高,确保基坑的稳定性与安全。

2. 开挖时不要扰动原状土,要预留150～300mm厚的坑壁土层采用人工修理边坡。

3. 要对坡面进行保护处理,防止渗水或风化碎石土的剥落。

4. 作好坡脚处的加固处理,如在坡脚处堆砌草袋或土工织物砂土袋、砌筑砌石墙体以及土锚杆等。

3.1.3 排桩（连续墙）+内支撑

冲孔桩机施工

旋挖钻机施工

钻孔咬合桩+内支撑

冲击钻与成槽机配合施工

连续墙成槽机

钢板桩+钢支撑体系

B36立式双轮铣成槽机实物图

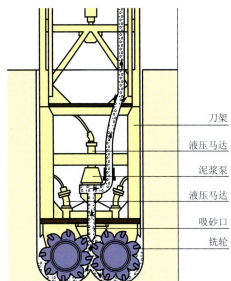

双轮铣铣削施工示意图

双轮铣铣轮平齿施工

卧式双轮铣桥下成槽1

卧式双轮铣桥下成槽2

连续墙钢筋笼整体吊装1

连续墙钢筋笼整体吊装2

桥下连续墙钢筋笼分段吊装

孔桩钢筋笼吊装

基坑内支撑

首层混凝土内支撑

钢管内支撑

钢支撑托盘

3.1.4 外拉锚

排桩＋预应力锚索支护

地下连续墙＋预应力锚索支护

安全控制要点

1. 当采用钻冲孔桩机施工时应做好泥浆处理工作，以保证周边环境整洁。
2. 控制重型设备（履带吊车和液压抓斗等）与导墙之间的距离。
3. 起重吊装设备操作人员必须持证上岗，并经过项目安全操作技能培训及安全技术交底后方可进场作业。
4. 专人负责检查钢丝绳，吊钩等吊装机具的安全情况，发现损坏及时更换。
5. 吊装过程前设置警戒区域，吊装过程中必须有专人指挥，指挥人员必须以色旗、手势、口哨等进行指挥，吊车回转半径内严禁站人。
6. 锚索（杆）施工前进行工艺试验，严格控制锚索（杆）的注浆质量，严格控制张拉时间，保证注浆材料达到龄期。

3.2 基坑开挖及支撑

3.2.1 基坑开挖

基坑分层开挖

及时架设支撑

封闭式爬梯（京隧建、沈阳）

安全控制要点

1. 在设计要求做好降水准备工作，在基坑四周设置排水沟，及时降排水。

2. 机械挖土应分层进行，合理放坡，防止塌方、溜坡等造成机械倾翻、淹埋等事故。用推土机回填，铲刀不得超出坡沿，以防倾覆。陡坡地段堆土需设专人指挥，严禁在陡坡上转弯。正车上坡和倒车下坡的上下坡度不得超过35°，横坡不得超过10°。

3. 支撑必须架设及时，支撑防坠落措施到位。

4. 多台挖掘机在同一作业面机械开挖，挖掘机间距应大于10m；多台挖掘机械在不同台阶同时开挖，上下台阶挖掘机前后应相距30m以上，挖掘机离下部边坡应有一定的安全距离，以防造成翻车事故。

5. 夜间作业，机上及工作地点必须有充足的照明设施，在危险地段应设置明显的警示标志和护栏。

6. 基坑周边施工材料、设施或车辆荷载严禁超过设计要求的地面荷载限值。

3.2.2 支撑的安全要求

龙门吊架设钢支撑

钢支撑防坠钢丝绳

钢支撑施加轴力

安全控制要点

1. 遵循"时空效应"，支撑在挖土后 8～24h 内安装完毕。

2. 钢管支撑要通过钢丝绳固定，防止基坑内起吊作业时碰动钢管支撑。

3. 对钢围檩与基坑围护结构紧密接触，不得留有缝隙。每节钢围檩之间应焊接牢固，形成一个整体。

4. 钢支撑及钢围檩需采取软连接保护措施，防止因意外碰撞而坠落。

5. 若出现横撑挠曲变形，必须及时采取增加临时竖向支撑等措施保证钢支撑受力稳定，确保基坑安全。

6. 钢支撑上不得堆放钢筋等施工材料。

3.3 结构施工

3.3.1 钢筋工程

车站底板钢筋绑扎

车站侧墙钢筋绑扎

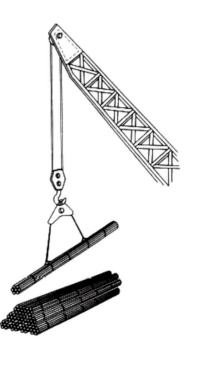

钢筋吊运

安全控制要点

1. 在高处(2m及以上)绑扎立柱和墙体钢筋时,不得站在钢筋骨架上或攀登骨架上下,必须搭设脚手架或操作平台和马道。

2. 脚手架应搭设牢固,作业面脚手板要满铺、绑牢,不得有探头板、非跳板,临边应搭设防护栏杆和支挂安全网。

3. 脚手架或操作平台上不得集中码放钢筋,应随使用随运送,不得将工具、箍筋或短钢筋随意放在脚手架上。

4. 严禁从高处向下方抛扔或从低处向高处投掷物料。

5. 墙、柱钢筋绑扎时,为防止倾倒,可采用钢管或方木进行临时支顶。

6. 禁止施工人员沿正在绑扎或绑扎完成的钢筋攀爬。

7. 必须按施工方案的钢筋规格、间距施作马凳筋。

8. 不得在正在施工的钢筋面上集中堆放钢筋或其他材料。

3.3.2 模板及支架工程

(1)模板工程
①常用模板种类

酚醛树脂胶合板模板

制作完成的胶合板模板

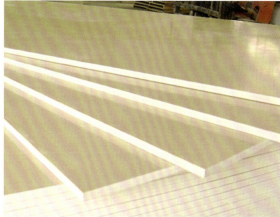
塑料模板

组合钢模板

三角支撑大模板

使用中的塑料模板

简易模板台车

U形卡　　钩头螺栓　　对拉螺栓

全液压模板台车

钢框木模板

②墙模板

墙模板（三角支撑大模板）

墙模板拼装脚手架

大模板施工的安全要求

1. 吊环：整体式大模板吊环的位置、数量、安装方法和焊缝长度均须满足设计要求，拼装式吊环的连接螺栓型号及双螺母紧固，也应满足设计要求。施工过程中，应经常检查吊环，若发现螺母松动或其被吊环碰撞而损坏时，应立即紧固或更换。

2. 地脚螺栓：需采用双面护板，延长焊缝，使用中尽量避免着地时冲撞地脚螺栓。

3. 外挂三角架：外挂架提升时，检查挂钩外伸悬臂是否过大，安装时检查外挂架是否发生挂钩弯曲变形。施工时，外挂架上只允许放置操作工具。严禁堆放施工材料，并避免多名操作人员集中在一处。外挂架安装时，墙体混凝土强度不得小于7.5MPa。在外挂三角架上设置防护栏杆，搭设水平兜网并满挂密目网。

4. 混凝土浇筑时，应设专人观察模板及支撑系统变形情况。发现异常立即暂停施工，迅速疏散人员，排除险情，并经现场施工负责人检查同意后方可复工。

5. 雨季施工，高耸结构的大模板作业，要安装避雷设施，其接地电阻不得大于4Ω，五级以上大风不得进行大模板拼装及吊装作业。

③独立柱模板

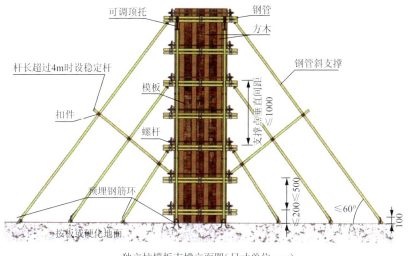

独立柱模板支撑立面图(尺寸单位:cm)

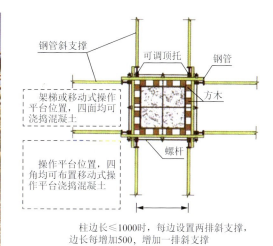

独立柱模及支撑

独立柱模板支撑平面图

柱边长≤1000时,每边设置两排斜支撑,边长每增加500,增加一排斜支撑

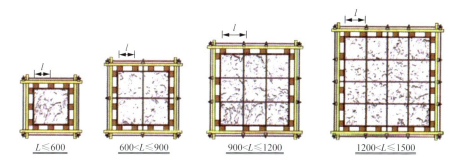

对穿螺杆及模板方木配置

说明

1. 本图仅涉及高度 5m 以下的柱模板支撑做法,高度 5m 以上的柱模板应在四周搭双排架作为模板支撑及施工脚手架。
2. 独立柱模板应设可靠支撑,施工人员作业站位距楼地面超过 2m 时,必须设置梯架或移动式作业平台。
3. 上图为对穿螺杆及模板方木配置图,图中"L"为柱截面的长边长度,"l"为柱模板垂直方向上方木的施工设计间距。

④梁板模板

梁板模板

梁底模

梁板模板施工要求

1. 板铺设前应对支架进行验收。

2. 模版下方应设置次楞与主楞,次楞与主楞应按受弯构件计算,主楞应放在 U 形支拖上。

3. 主楞调平后进行模板铺设。

⑤楼梯和墙模板支撑

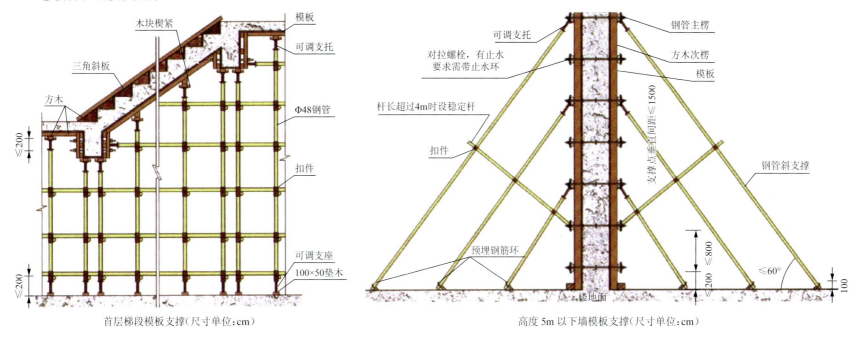

首层梯段模板支撑（尺寸单位：cm）

高度5m以下墙模板支撑（尺寸单位：cm）

说明

1. 斜面支撑体系的立杆应垂直于地面。斜面混凝土底模下的纵横方木间应设角度合适的木楔块与上下方木楔紧钉牢。
2. 高度5m以上的墙模板应在两侧搭双排架作为模板支撑及施工脚手架。
3. 混凝土墙施工人员作业站位距楼地面超过2m时，必须设置梯架或移动式作业平台。

（2）支架工程

①材料

碗扣式脚手架进场检验

扣件式钢管脚手架

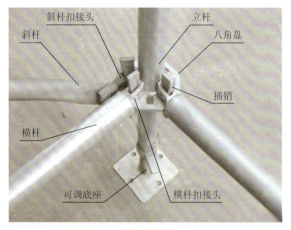
盘扣式脚手架

扣件（依次为旋转扣件、对接扣件、直角扣件）

顶托和底撑

说明

1. 支架材料应具备出厂合格证。
2. 管径、壁厚等应满足方案要求。
3. 材料不得有裂缝、变形、螺栓滑丝等情况。

②支架搭设

a. 扣件式钢管满堂支架

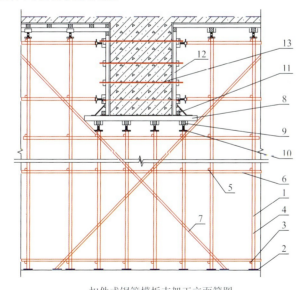 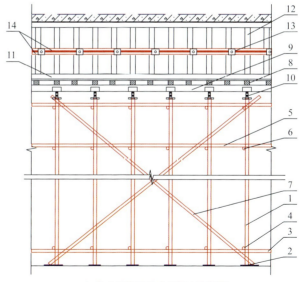

扣件式钢管模板支架正立面简图

1-立杆；2-底座和垫块；3-纵向扫地杆；4-横向扫地杆；5-纵向水平拉杆；6-横向水平拉杆；7-横向剪刀撑；8-第一层龙骨；9-第二层龙骨；10-可调支托；11-木枋压脚；12-竖肋；13-对拉螺栓

扣件式钢管模板支架侧立面简图

1-立杆；2-底座和垫块；3-纵向扫地杆；4-横向扫地杆；5-纵向水平拉杆；6-横向水平拉杆；7-横向剪刀撑；8-第一层龙骨；9-第二层龙骨；10-可调支托；11-木枋压脚；12-竖肋；13-对拉螺栓；14-双钢管外楞

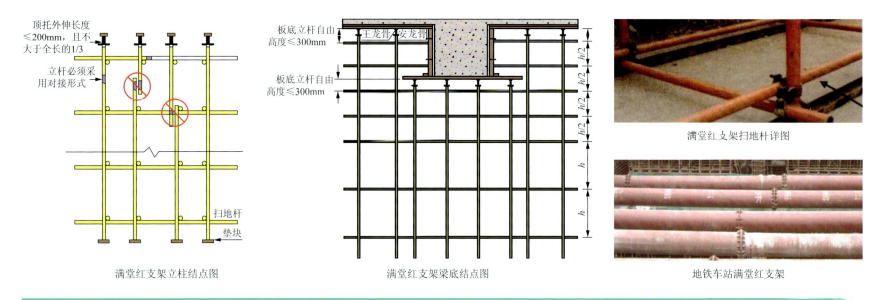

满堂红支架立柱结点图　　　满堂红支架梁底结点图　　　地铁车站满堂红支架

搭设要求

1. 底部高度不大于200mm必须设置纵、横向扫地杆。

2. 基础不在同一高度时,必须将高处的扫地杆向低处延长两跨与立杆固定,高差不大于1m,靠边坡上方的立杆轴线到边坡的距离不应小于500mm。

3. 脚手架基础要设排水设施。

4. 立杆接长必须采用对接扣件,禁止搭接,扣件式脚手架钢管相邻立柱的对接接头不得在同一步高度内,各接头中心至主节点的距离不宜大于步距的1/3。

5. 基础不在同一高度时,必须将高处的扫地杆向低处延长两跨与立杆固定,高差不大于1m,靠边坡上方的立杆轴线到边坡的距离不应小于500mm。

6. 纵向水平杆搭接长度不得小于1m,应等间距设置3个旋转扣件固定,端部扣件盖板边缘至搭接纵向水平杆杆端的距离不应小于100mm。

7. 主节点处必须设置一根横向水平杆,用直角扣件扣接且严禁拆除。

8. 作业层上非主节点处的横向水平杆最大间距不应大于纵距的1/2。

b. 碗扣式脚手架搭设

碗扣式满堂红支架

碗扣式满堂红支架结点图

搭设要求

1. 上碗扣、下碗扣、接头、限位销等零件应完好无损,连接时各节点应卡紧。
2. 扫地杆距地面高度不大于 0.35m。
3. 立杆底部应设固定底座或可调底座。
4. 立杆上端包括可调螺杆伸出顶层水平杆的长度不得大于 0.7m。
5. 支架四周从低到定连续设置竖向剪刀撑。
6. 中间纵横向由底到顶连续设置竖向剪刀撑,间距应小于或等于 4.5m。
7. 剪刀撑斜杆与地面的夹角应在 45°～60° 之间,斜杆应每步与立杆扣接。
8. 当支架高度大于 4.8m 时,顶部和底部必须设置水平剪刀撑,中间水平剪刀撑的间距应小于或等于 4.8m。

c. 剪刀撑设置要求

【依据】《建筑施工扣件式钢管脚手架安全技术规范》(JGJ 130—2011)

6.6.2 单、双排脚手架剪刀撑的设置(下图)应符合下列规定：

1. 每道剪刀撑跨越立杆的根数应按表6.6.2的规定确定。每道剪刀撑宽度不应小于4跨，且不应小于6m，斜杆与地面的倾角应在45°～60°之间。

剪刀撑跨越立杆的最多根数			表6.6.2
剪刀撑斜杆与地面的倾角α	45°	50°	60°
剪刀撑跨越立杆的最多根数n	7	6	5

2. 剪刀撑斜杆的接长应采用搭接或对接。
3. 剪刀撑斜杆应用旋转扣件固定在与之相交的横向水平杆的伸出端或立杆上，旋转扣件中心线至主节点的距离不应大于150mm。

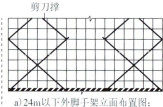

a) 24m以下外脚手架立面布置图；

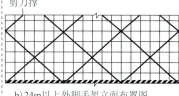

b) 24m以上外脚手架立面布置图

【依据】《建筑施工扣件式钢管脚手架安全技术规范》(JGJ 130—2011)

6.6.3 高度在24m及以上的双排脚手架应在外侧全立面连续设置剪刀撑；高度在24m以下的单、双排脚手架，均必须在外侧两端、转角及中间隔不超过15m的立面上，各设一道剪刀撑，并应由底至顶连续设置。见上图。

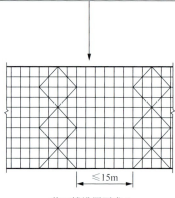

剪刀撑设置要求 1

剪刀撑设置要求 2

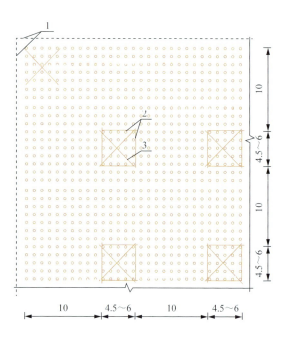

8m 以下剪刀撑设置示意图 1（尺寸单位：m）

1- 四周连续式垂直剪刀撑；2- 竖向连续式剪刀撑；3- 竖向剪刀撑、底部和顶部加设水平剪刀撑

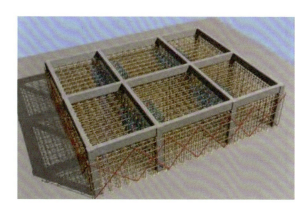

8m 以下剪刀撑设置示意图 2

d. 盘扣式支架

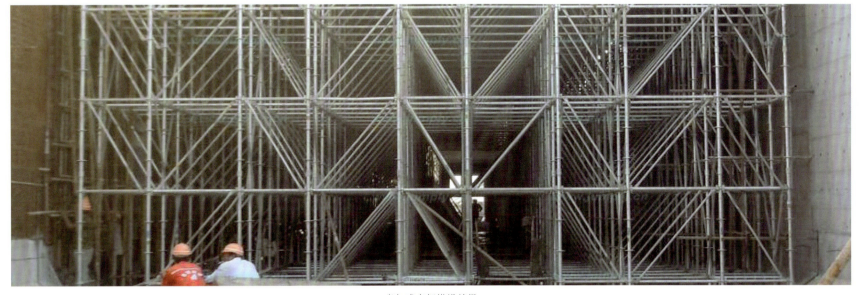

盘扣式支架搭设效果

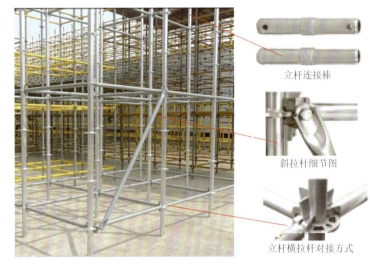

盘扣式支架组成

立杆连接棒

斜拉杆细节图

立杆横拉杆对接方式

搭设要求

1. 盘扣式支架的搭设必须遵照《建筑施工承插型盘扣式钢管支架安全技术规程》(JGJ 231—2010)的规定。

2. 对地基进行加固处理,保证其有足够的承载力,并且足够稳定,能够抵抗因气候变化而可能产生的破坏,并根据需要设置垫块。

3. 支撑架搭设前需进行定位放线,搭设平面位置必须准确,纵横方向排列整齐。

4. 每座塔架的安装完成后,用水平尺检查横杆水平度,通过调节底座调节杆的螺母,使两个方向的水平尺的气泡都居中,从而保证每个塔在竖向保持垂直。

5. 立杆与横杆及竖向斜拉杆间安装就位后需用锤子将楔形销固定。

6. 支架搭设完成后,按照规范在最外围及内部每隔5个架体设置从上而下的扣件式剪刀撑。

第 4 章
文明施工

4.1 一般要求

4.1.1 临时用房

项目部外景

项目部会议室

工地办公室

项目部办公室临时用房

说明

1. 房屋的布局和设置、材质、设计、修建、验收等必须根据《建设工程临建房屋应用技术标准》（DB 11/693—2009）进行实施。

2. 场地内的安全通道及消防设置要根据《建设工程施工现场消防安全技术规范》（GB 50720—2011）进行布置。同时项目要根据所在区域实际情况考虑降温、取暖、雷雨、台风等地理性的特殊要求及当地居民风俗要求。

3. 活动板房的安装必须由生产厂家或者具有相应资质等级的施工企业实施。安装过程中应由专业人员施工、专业技术人员现场监督。活动板房安装完成后，安装单位应进行自检，自检合格后方可进行使用前的联合验收。联合验收应由安装单位、生产或租赁单位、使用单位按照《施工现场临时建筑物技术规范》（JGJ/T 188—2009）附录C表格的式样进行，验收合格后方可投入使用。未经验收或验收不合格的一律不得投入使用。

4.1.2 职工食堂

食堂操作间1

食堂操作间2

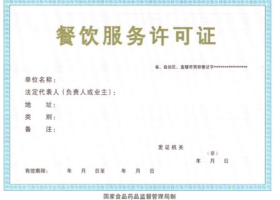
餐饮服务许可证

职工餐厅

炊事员穿戴整洁、规范

说明

1. 施工现场设置的临时食堂必须具备餐饮服务许可证、炊事人员身体健康证、卫生知识培训证。

2. 食堂炉灶与相邻墙板之间必须设置阻燃防火挡板，15kg以上容量的燃气瓶应在室外单独隔离放置，并加以防护，专人管理。

3. 操作间必须有生熟分开的炊具及存放柜橱。库房内应有存放各种佐料和副食的密闭器皿，有距墙距地面大于20cm的粮食存放台。

4. 施工现场应制定卫生急救措施，配备保健药箱、一般常用药品及急救器材。

4.1.3 职工宿舍

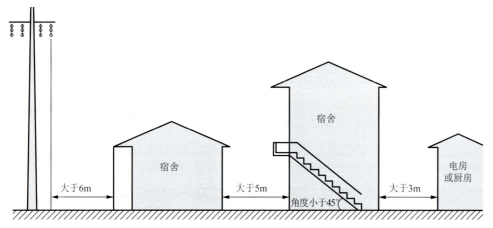

职工宿舍安全距离

职工宿舍内务1

职工宿舍内务2

职工宿舍安装空调

说明

1. 工地生活区必须与办公区和施工区有明显划分，远离有山体滑坡、洪水危害的场所，避免位于在建隧道上方，还应考虑防台风要求。

2. 宿舍必须安装开启式窗户，不得在护栏、窗户设置封闭措施；床铺间适当分隔，严禁使用通铺；每个房间居住人数不得超过10人；宿舍房门宽度不少于1m。

3. 宿舍应设储物柜、脸盆架、鞋架、办公桌等设施，保持室内整洁，生活用品整齐堆放，禁止摆放作业工具。

4. 宿舍内严禁采用明火取暖、吸烟、煮饭炒菜，严禁存放酒精、液化气罐等易燃易爆物品。严禁使用电暖器、电热毯、电炉等取暖设备。

5. 南方地区应装空调，北方装取暖设备。

6. 装饰应采用阻燃材料，环境美化、绿化、定期消杀。

4.1.4 卫生设施

盥洗室

职工淋浴间

职工卫生间 1

职工卫生间 2

说明

1. 生活区应设置固定的男、女淋浴室，一般采用砖砌体形式，地面铺设防滑砖，墙面瓷砖高度不低于1.8m。

2. 浴室内必须设置冷热水管和淋浴喷头，原则上每20人设一个喷头，喷头间距不小于0.9m，并采用节水龙头。

3. 更衣区应设置衣柜，衣柜应采用十二门或十五门衣柜，数量应为喷淋头数量的2倍，且应离地150～200mm设置。

4. 浴室设置热水喷淋系统，采用煤气、太阳能或锅炉，保证每日不小于4h的热水供应。

5. 浴室应有良好的通风设施，配备专门的卫生保洁员，随时保持清洁，无异味，并挂设相应管理制度及保洁图牌。

4.1.5 门禁管理

门卫房1

门卫房2

门禁系统

视频监控

说明

1. 人员：

（1）门卫室要做到24h轮流值勤，门卫室要保持干净和安静，物品放置应定位规范，不能在警卫室内吸烟。

（2）严格执行出入管理制度，严禁无关人员进入工地。

（3）监督进入现场人员正确佩戴安全防护用品。严禁穿拖鞋、硬底鞋、高跟鞋、光脚和打赤膊人员进入工地。

2. 监控设备：

（1）监控设备是保证对施工监控实施有效监控的专用设备，与监控中心无关人员禁止入内和乱动设备。

（2）监控设备实行专人管理，以确保设备安全。

（3）工作人员要严格执行监控设备和系统操作规范，严格执行设备保养计划。

4.1.6 清洗设施和降尘、隔音设施

自动清洗设施 1

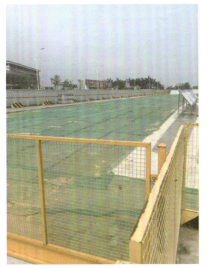

覆盖降尘

自动清洗设施 2

工地 PM2.5 检测仪及摄像头

水泡机降尘

高压喷淋降尘

竖井临近办公场所设置全封闭围蔽

说明

1. 洗车槽中间设置排水沟,单侧或双侧设置集水沟。

2. 集水沟宽度不小于30cm,便于铁锹清理,集水沟采用坡度排水,坡度不小于2%。

3. 配备专用水龙头,采用不小于8MPa的高压水枪清洗车辆。

4. 出水沟设置在集水沟侧,出水管汇总后排入沉淀池,进水口直径20cm的PVC管。

5. 工地硬化路面采用宜采用自动呀喷淋系统降尘。

6. 靠近生活、办公及教育等噪音敏感区域应设置隔音设施。

4.2 现场文明施工

4.2.1 指示牌、限速牌

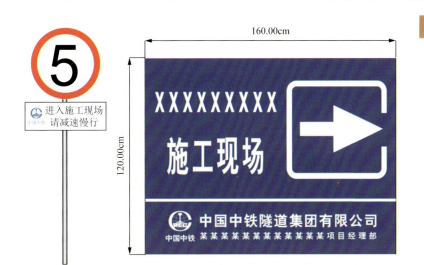

说明

1. 在道路交叉口、区域分界处及相关地方设置指示牌、5km限速牌,为来往车辆指示方向,标明路况。

2. 材料:指示牌为镀锌铁皮加户外写真,5km限速牌按交通标识制作,支架统一刷银灰反光防锈漆。

3. 尺寸:指示牌路标 120cm×160cm,5km限速牌按交通标识制作。

4. 格式内容:指示牌上方为提示内容和提示标识,下方为"组合徽标+中国中铁隧道集团有限公司×××项目经理部",蓝底白字;5km限速牌按交通标识制作。

4.2.2 洞口标牌

- 戴好安全帽、进场(下井)须知牌
- 尺寸:300cm×150cm
- 材质:铁架+喷绘布

洞口标识牌

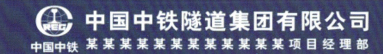

洞口标识牌

井口防护及标语

轨道交通竖井井架封闭

隧道洞口二维码交底

说明

1. 洞口设置警示牌、限速牌、文明公约牌、进洞须知牌、进洞人员作业牌等。

2. 材料：镀锌铁皮加户外写真。

3. 尺寸：警示牌、文明公约牌、进洞须知牌、进洞人员作业牌，高1.2m，宽1.6m，底部距地不低于1.2m。

4. 格式内容：警示牌、文明公约牌、进洞须知牌、进洞人员作业牌上为蓝底白徽白字"组合徽标＋中国中铁隧道集团有限公司×××项目经理部"，上下排列，"×××项目经理部"对齐或居中，下端为辅助图形，中间标题为白底红字；限速牌参照交通标识制作。其他标牌据实制作，也可以根据业主及管理需要适当调整。

4.2.3 安全讲评台

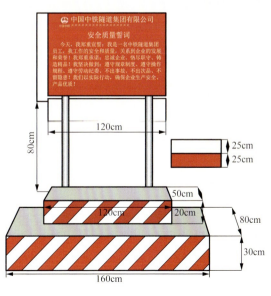

说明

1. 材料：镀锌铁皮加户外写真，竖立时骨架为镀锌圆管。

尺寸：依照图例尺寸。

2. 格式内容：风格以红白色值搭配为主，上端为"组合徽标＋中国中铁隧道集团有限公司×××项目经理部"，上下排列，"×××项目经理部"对齐或居中，正面中间内容为安全誓词。

4.2.4 洞内标牌

■ 隧道内紧急逃生标识　　● 尺寸：40cm×60cm
（建议购买成品）
位置：放置值班电话上方

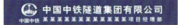

说明

1. 洞内设置区域标牌，分区域放置电焊、材料、风机钻、配电盘等，洞内值班电话、应急照明灯处设置值班电话标牌，洞壁设置紧急逃生出口牌。

2. 材料：镀锌铁皮加室内写真等。

3. 尺寸：参照标准牌图，详见图例。

4. 格式内容：区域标牌、值班电话、安全照明灯标牌详见图例。紧急逃生出口牌购买成品。

4.2.5 加工厂(车间)

说明

1. 加工区域地面进行全硬化处理,根据项目特点,加工棚采用开放推拉活动式、全封闭推拉活动式两种钢筋加工棚,设置专用轨道,便于钢筋卸料和成品吊装,同时文明施工形象好。全封闭钢筋加工棚四周和顶部采用阳光板和彩钢板相结合的形式,采光效果良好;加工场顶棚四周设置宣传标语、内部悬挂各设备安全操作规程;场内按照方案要求布置机械、用电设备及定型化钢筋加工台座;原材料存放区采用30cm高混凝土或工字钢进行支垫,枕梁和工字钢均刷红白油漆,并设置好材料标识牌。

2. 配置灭火器,距离加工棚10m左右。

3. 夜间施工配置灯光照亮。

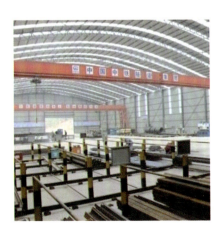

4.2.6 料 仓

说明

材料库挂区域标识牌、材料标识牌，收发料管理制度、材料管理员职责牌挂库区醒目位置；材料分门别类，悬挂标识牌，标明名称、规格型号、数量、批号、标号、厂家、出厂日期、检验状态；应急物资区挂"应急材料"提示牌。

4.2.7 拌和站

说明

"施工重地，注意安全"提示牌置于拌和站架子楼下，配合比牌、岗位职责、岗位安全操作规程牌随机挂设；材料设置标识牌；拌和楼喷"中国中铁隧道集团"，白底蓝字，根据朝向可多面设置。

4.2.8 材料库

说明

1. 存放易燃、可燃材料的库房、木工加工场所、油漆配料房等不得使用明火或高热强光源灯具，且应为1层。易燃易爆物品应专库储存，分类存放，保持通风，不准在临建房屋内调配油漆、稀料。

2. 各类材料库要结合所在区域实际情况考虑降温、取暖、雷雨、台风等实际情况。

3. 配备灭火器、灭火毯等消防器材；封闭库房以低电压照明为佳。

4. 码放的物资距周边墙体不得小于50cm。

4.2.9 洞内设施和机具

洞内焊机、配电箱警示标识

施工机具存放 1

施工机具存放 2

抽水泵站警示标识

> **说明**
>
> 1. 洞内设施要设置防护并进行安全标识。
> 2. 各类作业工具和机具应分类整齐堆放，并加以标识进行分类。

4.2.10 应急物资

洞口应急物资

洞内应急物资(食品)

洞内应急物资(木枋)

说明

1. 项目应根据工程特点,按照应急预案配备应急设备及物资。
2. 应急物资按应急预案的种类和数量在指定位置存放,并悬挂应急物资布置图。
3. 应急物资区挂"应急材料"提示牌,标明"严禁挪用"字样。

4.2.11 隧道作业人员服务设施

洞口洗手池及雨伞、毛巾存放处

富水隧道烤衣房

洞口安全帽、雨鞋存放处

说明

1. 富水隧道可在隧道口设置雨伞、毛巾等用品，为作业人员创造适宜的工作条件。
2. 富水隧道洞内可设置烤衣房，便于及时烘干衣物，可采用浴霸等作为热源，但应使用合格产品并设专人值守，防止火灾。